2993. **Refranes o Proverbios** españoles traduzidos en lengua francesa. Proverbes espagnols traduits en françois, par César Oudin. A Mgr le Duc de Retz. *Paris, Marc Orry*, 1605. In-12, vél. 35 »

Première édition. Très-bel exemplaire.

Manque à la B. N.

ingenium of ingenua Abraqq

REFRANES
O PROVERBIOS
ESPAÑOLES TRA-
duzidos en lengua
Francesa.

PROVERBES
ESPAGNOLS TRADVITS
en François.

Par CESAR OVDIN, Secretaire
Interprete du Roy, & Secretaire
ordinaire de Monseigneur le Prin-
ce de Condé.

A MONSEIGNEVR
LE DVC DE RETZ.

A PARIS,
Chez MARC ORRY, ruë S. Iaques,
au Lyon Rampant.

1605.

A HAVT ET
PVISSANT SEIGNEVR, MONSEIGNEVR HENRY DE GONDY, *Duc de Retz, Pair de France, Marquis de Belle-isle, &c. Capitaine de cinquante hommes d'armes des Ordonnances du Roy.*

MONSEIGNEVR,

Ce n'a point esté l'intentió d'imposer silence aux enuieux mesdisans, qui m'a faict choisir vostre nom pour en orner le frontispice de ce petit Liuret, m'imaginant qu'on le desdaigneroit plustost que de luy faire aucun mal, s'il s'en alloit errant & vaga-

bond sans conduite ny sauue-
garde; aussi que son pretendu
estant de n'offenser personne,
ains de seruir à tout le monde, il
n'y auroit point de sujet de luy
donner quelque empeschemēt.
C'a bien esté vne plus haute cō-
sideration qui m'y a poussé, laquelle est que recognoissant sa
petitesse & peu de valeur, pour
l'offrir aux amateurs de la vertu, ausquels rien ne conuient
sinon d'excellent & de rare, i'ay
creu que vous le mettant entre
les mains, il s'accroistroit d'autant plus que vous surpassez les
petits en dignité & grandeur.
Or le present que ie pretens leur
faire par vostre moyen, est ce
petit ramas de quelques Prouerbes Castillans que i'ay tirez
la plus-part du Liure intitulé,
Refranes o Prouerbios glosados, & le

reste de diuers endroits. Que si l'on vouloit m'obiecter que ce n'est rien de nouueau, puis que d'autres les ont desia escrits, ie respondroy qu'à tout le moins le François que i'y ay adiousté est nouueau, & que le tout ensemble sera nouueau à ceux qui n'en auront encor rien veu. D'auantage, ie ferois volontiers vne question, à sçauoir si apres vn froid & fascheux Hyuer, suiuy d'vn doux & aggreable Printemps, quelqu'vn entroit en vn iardin de plaisance, tout diapré & esmaillé de belles & odoriferantes fleurs, voudroit-il dire qu'elles ne seroient pas nouuelles, puis que dés le commencement du monde on en a tousiours veu de semblables? Ie m'asseure qu'il seroit mal fondê, attendu mesme que l'on appelle vulgairement ceste saison là le renouueau, combien que ce soit celle qui fut creée la premiere de toutes. Receuez donques (MONSEIGNEVR) ceste petite poignée de fleurs auec la mesme volóté que vous prendriez de la main d'vn pauure iardinier vn bouquet qu'il vous presenteroit de toute son affection, n'estant cecy en effect autre chose, ayant ferme croyance que si vous daignez luy cómuniquer vn petit rayon fauorable de vostre regard, l'eschauffant tout ne plus ne moins qu'vn beau & clair Soleil leuant (à qui vous pouuez à bonne raison estre comparé, considerant le doux Printemps de vostre âge auquel vous donnez de si belles & specieuses monstres remplies de bonnes esperances) il en receura vne vertu telle qu'il en fera rendu beaucoup plus doux, & fuaue, à ceux qui le prenant de voftre main voudront participer à fon odeur, ou pour mieux & plus proprement parler, conuertiffant les fleurs tranfitoires en de bons fruicts, il n'y aura celuy qui n'en defire goufter, eftant certain qu'il f'y en trouuera de fi fauoureux, que les plus defgouftez y prendront appetit. Et fi perfonne d'auanture ne tient aucun conte de ce petit don, ce me fera affez qu'il vous foit aggreable : ce que i'ofe me promettre, puis que vous ne defdaignez pas de m'employer (bien que peu capable) à l'vn de vos plus beaux exercices. Ce n'eft qu'vn efchantillon du feruice que i'efpere & defire vous rendre, lequel apres vous auoir baisé tres-humblemēt les mains, ie vous presente, accompagné d'vne tres-deuote priere que ie vous fais, de me rendre participant à vos benignes graces, & me tenir

MONSEIGNEVR,

Pour

Voſtre tres-humble & tres-obeïſſant ſeruiteur,

CESAR OVDIN.

ELEGIE,

A MONSEIGNEVR LE DVC DE RETZ.

En faueur du Seigneur Cesar Ovdin, traducteur de ce liure.

*Vand le Printans émaillé de couleurs*
D'vn gay tapis de verdure & de fleurs
Pare la terre, & que dans l'Abõdance
Phebus chemine embelli d'influance,
Tout rit aus chams, tout luit de tous
    côtés:
Les ruiſſelés blondement argentés
D'vn creus murmure en-serpantent
    les prées.
Les papillons en tourbes diaprées

Meuuent en l'air, & ſous leur molle vois,
Les oiζillons font retentir les bois.
Adōc (ſi tôt que l'Aurore vermeille
A front panché ſous les ondes reueille
En Orient le Soleil endormi)
De toutes pars, deçà, delà, parmi
Les chams gaillars, mainte & mainte perſonne
Guide ſes pas, & chacun s'entre-dōne
A l'alegreſſe, autant que la raiζon
Le veut permettre en ſi belle ſaiζon.
L'vn va, l'vn vient en maniere diuerſe :
L'autre ſ'aſſied, & l'autre à la renuer-(ſe,
Dās vn Boucage, ou dans vn Antre vert,
Cherche le frais, & cherche le couuert.
Cetuy-cy chaſſe, & les plaines euāte,
Cetuy-là peſche, &, d'vne main ſçauante
En mignardiζe & pleζante à Cypris,
Cetuy-là cueille & recueille, au pourpris

De la campagne és plus belles préries,
L'hõneur plus beau des herbettes fleu-
 ries.
La Marguerite aus rayons tauelés
Tombe deça, les Oeillés griuelés
Tombent delà, deçà la Violette,
Icy la Roze, icy la Paquerette
Et le Narcis, & de là tombe encor'
La fleur de Lys peinte d'argẽt & d'or.
 Lors arangeant toutes ces fleurs
 ensemble,
D'vn ordre égal en rond il les assemble
Auec les dois, & fait de leurs odeurs
Vne Couronne excelente en couleurs.
 Quand elle est faite, il l'œillade, il
 l'admire.
Et son tortis de maniere l'attire,
Que ses espris & ses ners allumés
De tãt de grace en demeurẽt charmés.
 En ce plezir il songe à quelle fille
(Entre plusieurs) agreable & gentille
Il offrira ce ioyau du Printans:
Et si bien pense, attiré par les sens,

Qu'imaginant il le presente à celle
Que deſſur toute il iuge la plus belle.
 De même ô D V C (que les deſtins
  plus dous
Ont fauori pour faire naître en vous
De la merueille en vôtre âge premiere)
OVDIN conduit ſous la viue lumiere
D'vn Printãs rare éternel en pouuoir,
En la campagne où regne le ſçauoir,
Il a cueilli d'vne main bien apprize
Toutes ces fleurs, où ſa gloire comprize
Flambe à l'entour, & couplãt à l'enui
Leur differance en maint tour reſſuiui,
Comme vn amant que l'ardeur époin-
  çonne,
Il en a fait vne belle Couronne,
Et ſi tres-belle en ſes lineamans,
Que, tout raui de ſes compartimans,
Il a cherché, non les plus belles filles,
Ny leurs attrays, ny leurs graces gen-
  tilles
Pour leur voüer, mais ceus qui prés
  des Rois

Tienēt leur ran pour leur race de chois.
A celle fin que l'honneur de sa gloire
En leur merite arachat la victoire
Sur l'ignorāce, & que ses beaus écris
(En leur qualibre) emportaßēt le pris.
 En fin, tournant auec sa fantaizie
Dās leurs grandeurs, il a seule choizie
Vôtre Grādeur, é point de vos hōneurs,
Pour vous offrir ce parangō de fleurs.
 Non de ces fleurs qui maintenant
  fleurissent
Dedās la plaine, & maintenāt fanißēt
Au lon des prés, cōme il plait au Soleil
Proche ou lointain, quand il fait son
  reueil.
 Nō de ces fleurs qui viēnēt d'Italie,
Dont la splandeur par le tans abolie,
Se decolore, & dont l'vsage feint
Chāge de grace à l'heure qu'il s'eteint.
Mais bien des fleurs qui, tousiours plus
  nouuelles,
A tout iamais se verrōt immortelles
Dās les espris, & qui tousiours aurōt

De la couleur tant que les ans seront.
　Son los, sa peine, & le tans vous
　　incite
A bien-veigner leur mélange d'élite,
A l'approuuer, à le bien receuoir.
O ieune DVC maintenāt faites voir
En l'approuuant que la vertu vous
　　range,
Et qu'à bon droit vous étes en loüäge
En si bas âge, & que vous promettés
Vn bon succés en vos felicités.
C'ét vn presant qui tous les biens sur-
　　passe
Que l'Inde blonde en ses riues amasse.
　　Et vous OVDIN, puissiés vous
　　desormais
Gouter l'honneur & le pris à iamais
De vos labeurs, & de la méme sorte
Que vous aués sous vne bõne escorte
Raui ces fleurs aus chams Iberiens,
Ainsi le ROY le premier des Chretiẽs
Puisse rauir quelque iour l'Iberie
Qui les produit. destins ie vous en prie

Bien humblement, & que sa Majesté
(Pour en instruire à la posterité)
Rencontre alors vn plus digne Poëte
Que ie ne suis, & dõt la vois parfaitte
Soit mieus capable à tirer de l'oubli
Son beau renom de palmes ennobli.

    CL. GARNIER
     Paris.

AD LECTOREM.

SI cupis Hispanā penitus cognoscere linguam,
   Quos tibi dat CESAR, volue, renolue, li-
   bros.   (antè,
Grammaticen primùm lege, quam paullò edidit
   In qua perspicuè prima elementa docet.
Perlege deinde auidè, quæ nūc Prouerbia tradit:
   Hæc simul expolient linguam animúmq; tibi.
Vtile namq; Author monstrat, scurrilia transit:
   Res sermone pares gaudet habere graues.
Idem grande breui vocum penus edet & auctum,
   E quo depromes singula verba statim.
Non opus est, dubius terráue maríue vageris,
   Ancipiti vt discas hoc idioma metu.
Sumptibus immensis, variis & parce periclis;
   In patriis laribus discere cuncta potes.
Læta ergò Authoris fruere, vtere, mente labore,
   Ac illi gratus fausta precare. VALE.

            **Crispinus Gericius Elbin-
                 gensis Borussus.**

REFRANES
O PROVERBIOS
CASTELLANOS TRA-
duzidos en lengua
Francesa.

PROVERBES ESPAGNOLS TRADVICTS EN FRANÇOIS par CESAR OVDIN, *Secretaire Interprete du Roy.*

BODA ni a baptismo no vayas sin ser llamado. *A nopce ny à baptesme, n'y va pas sans y estre appellé.*

A buen comer o mal comer, tres vezes beuer. *A bien à manger ou mal à manger, il faut boire trois fois.*

Abaxanse los adarues, y alçanse los muladares. *Les murs s'abaissent, & les fumiers se haussent.*

Abad auariento, por vn bodigo pierde ciento. *Abbé auaricieux, pour vn pain d'offrande en perd cent.*

A

A barua muerta, poca verguença. *A barbe morte, peu de honte.*

A bocado haron, espolada de vino. *A morceau restif, esperon de vin.* Espolada, *signifie le coup d'esperon*, & espuela, *c'est l'esperon.*

Abrenuncio Satanas, mala capa lleuaras. id est, si quieres biuir bien seras pobre. *Renonce Satan, & tu porteras mauuaise cape.*

Absencia enemiga de amor, quan lexos del ojo, tan lexos del coraçon. *Absence est ennemie d'amour, loin de l'œil, loin du cœur.*

A buey viejo cencerro nueuo. *A vieil bœuf sonnette neufue.*

A burra vieja, cincha amarilla. *A vieille asnesse, sangle iaulne. Le François dit: A vieille mule, frein doré.*

A buena fee, y sin mal en bestia. id est, sin mal engaño. *En bonne foy, & sans mal engin.*

A buen entendedor, breue hablador. *A bon entendeur, bref parleur. Le François dit: A bon entendeur, demy mot.*

Abril y Mayo, la llaue de todo el año. *Auril & May, sont la clef de l'année.*

Abril frio, pan y vino. *Auril froid, c'est pain & vin.*

A barua de necio, aprenden todos a rapar. *A barbe de fol, on apprend à raire.*

A bestia loca, recuero modorro. *A beste folle, asnier endormy.*

Refranes. Prouerbes.

Acuesta te sin cena, y amaneceras sin deuda. *Couche toy sans souper, & tu te trouueras au matin sans debte. Cela s'entend pour le souper seulement, & sert d'aduertissement à ceux qui veulent faire bonne chere, & n'ont dequoy payer.*

A carne de lobo, diente de perro. *A chair de loup, dent de chien. Le François dit: A bon chat, bon rat.*

A cada necio agrada su porrada. *A chasque fol, plaist sa massue. Le François dit, Marote.*

A celada de vellacos, mejor es el hombre por los pies, que por las manos. *A embuscade de meschans, l'omme vaut mieux par les pieds que par les mains i. il vaut mieux fuyr que de se defendre.*

A cauallo comedor, cabestro corto. *A cheual grand mangeur, luy faut bailler vn licol court.*

A cauallo nueuo, cauallero viejo. *A cheual neuf, vieil caualier.*

A chico mal, gran trapo. *A petit mal, grand drappeau.*

A chico caudal, mala ganancia. *A petit fond, petite gaigne.*

Achaques al viernes, por no le ayunar. *Tu trouues subiect au Vendredy, pour ne le pas ieusner.*

A clerigo hecho de frayle, no le fies tu comadre. *A vn Prestre fait d'vn moine, ne luy fies pas ta commere.*

A cartas cartas, y a palabras palabras. *A*

lettres lettres, & paroles à paroles.

A canas honrradas, no ay puertas cerradas. *Aux vieillards honorables, il n'y a point de portes closes. Canas signifie les cheueux blancs.*

A casa de tu tia, mas no cada dia. *A la maison de ta tante, mais non pas tous les iours.*

A casa de tu hermano, no iras cada serano. *A la maison de ton frere, tu n'iras pas tous les soirs.*

A casas viejas, puertas nueuas. *A vieilles maisons portes neufues.*

A cuentas viejas, barajas nueuas. *A vieux comptes, nouuelles disputes.*

A calça corta, agujeta larga. *A courtes chausses, longues esguillettes.*

A cada malo su dia malo. *A chaque meschant son mauuais iour.*

A cada puerco su sant Martin. *A chasque pourceau sa sainct Martin. Le prouerbe François est plus beau, qui dit: A chaque sainct sa chandelle.*

A cauallo dado, no le miren el diente. *A cheual donné il ne luy faut regarder en la bouche.*

A cabo de cien años, los reyes son villanos, y a cabo de ciento y diez, los villanos son reyes. *Au bout de cent ans les Rois sont vilains: & au bout de cent & dix les vilain sont Rois.*

A cada qual da Dios frio, coma anda vestido. *A un chacun Dieu luy donne du froid se-*

lon qu'il est vestu. Dieu donne du froid selon la robbe.

Acogi al raton en mi agujero, y tornoseme heredero. I'ay retiré la souris en mon trou, & elle est deuenuë mon heritiere.

Açotan a la gata, si no hila nuestra ama. L'en souete le chat, si nostre maistresse ne file. Le Franç. Tel en patit qui n'en peut mais.

A chico paxarillo, chico nidillo. A petit oiseau petit nid. Le Franç. A petit mercier petit panier.

Acometa quien quiera, el fuerte espera. Assaille qui voudra, le courageux attend.

A dineros pagados, braços, quebrados. Argent receu, les bras rompus: c'est à dire qu'on ne tient compte de faire la besongne quand on est payé par aduance.

A dos pardales, en vna espiga, nunca ay liga. Entre deux moineaux à vn espic, il n'y a point de ligue. Le Fr. Deux chiens ne s'accordét point à vn os

Ado vas duelo? a do suelo. Où vas tu dueil? où i'ay de coustume.

A do yra el buey, que no are? Où ira le bœuf, qu'il ne laboure?

Ado pensays que ay tocinos, no ay estacas. Là où vous pensez qu'il y ait du lard, il n'y a point de cheuilles.

Ado no ay, no cumple busca. Où il n'y a rien, il n'y faut rien chercher.

Adoba tu paño, passaras tu año. Racoustre ton drap, & tu passeras ton année, id est, radoube tes vieux habits.

Refranes. *Prouerbes.*

A do las dan, ay las toman. *Là où on les don-*
ne, on les prend.

Al fin loa la vida, y a la tarde loa el dia.
A la fin louë la vie, & au soir louë le iour.

Afanar afanar, y nunca medrar. *Trauailler*
trauailler, & iamais ne profiter.

Afficion ciega razon. *L'affection aueugle la*
raison.

A fuerça de villano, hierro en medio. *A*
force de vilain, le fer entre deux.

A feyta vn cepo, parecera mancebo. *Ac-*
coustre & pare vn tronc, & il semblera vn ieune a-
dolescent.

A galgo viejo, echar le liebre no cone-
jo. *A vn vieil leurier, luy faut ietter vn lieure, &*
non pas vn lapin.

Agosto y vendimia, no es cada dia.
Aoust & vendange, ne sont pas tous les iours.

Agua fria y pan caliente, nunca hizieron
buen vientre. *Eau froide & pain chaud, ne firent*
iamais bon ventre.

Agua al higo, y a la pera vino. *Eau à la fi-*
gue, & du vin à la poire.

Al higo vino, y al agua higa. *A la figue du*
vin, & à l'eau faut faire la figue.

Agua de sierra, y sombra de piedra. *Eau de*
roche, & ombrage de pierre.

Al gran arroyo, passar postrero. *A grand*
ruisseau, faut passer le dernier.

A gran subida, gran descendida. *A grande*
montée, grande descente.

Agua coge con harnero, quien se cree
de ligero. *Celuy puise de l'eau auec vn crible, qui*

Refranes. Proverbes.

croit de leger.

Agua de por San Iuan, quita vino y no da pan. *Eau à la sainct Iean, oste le vin, & ne donne point de pain.*

Agua de Março, peor que la mancha en el paño. *Eau du mois de Mars est pire que la tache au drap.*

Agua trotada, tanto val como ceuada. *Eau trotée vaut autant que l'auoine. Ceuada est proprement de l'orge, car on en baille aux cheuaux en Espagne.*

Agua de Mayo, pan para todo el año. *Eau de May, c'est du pain pour toute l'année.*

Agua sobre agua, no vale sayo ni capa. *Eau sur eau, ne sert de rien ny saye ny manteau.*

Agua sobre agua, ni cura ni laua. *Eau sur eau, ne cure ny ne laue.*

Agua de Henero, todo el año tiene tépero. *Eau de Ianuier, tient toute l'année la saison.*

Agosto madura, Setiembre vendimia. *Aoust meurit, & Septembre vendange.*

A hambre no ay mal pan. *A la faim, il n'y a point de mauuais pain.*

A hija casada, salen nos yernos. *A la fille mariée nous viennent des gendres.*

Al Ynuierno lluuioso, Verano abundoso. *A Hyuer pluuieux, Esté plantureux.*

A juezes Galicianos, con los pies en las manos. *Aux iuges de Galice, auec les pieds aux mains: Subaudi, de aues presentadas. Ce prouerbe se practique aussi bien en Gaule qu'en Galice.*

Al que tiene muger hermosa, o castillo en frontera, o viña en carrera, nunca le falta guerra. *A celuy qui a belle femme, chasteau en frontiere, ou vigne en grand chemin, iamais guerre ne luy defaut.*

Al matar de los puercos, plazeres y juegos, al comer de las morcillas, plazeres y risas, al pagar de los dineros, pesares y duelos. *Au tuer des pourceaux, plaisirs & ieux, au manger des boudins, plaisirs & risées, au payer des deniers, fascheries et douleurs.*

Al hombre mayor, darle honor. *Au plus grand fais luy honneur.*

Al hombre pobre, ninguno le acomete. *L'homme pauure, personne ne l'attaque.*

Al conejo ydo, el consejo venido. *Le connil eschappé, le conseil venu. Le Fr. Il n'est pas temps de fermer l'estable quand les cheuaux sont pris.*

A la cabeça, el comer la endereça. *La teste, le manger la redrésse. Le Fr. Mal de teste veut repaistre.*

Alabate cesto, que vender te quiero. *Louë toy panier, car ie te veux vendre: Contre les vanteurs.*

A la burla dexarla quando mas agrada. *La raillerie se doit laisser lorsque plus elle aggree.* Porque muchas vezes se torna en veras: *parce que bien souuent elle se tourne à faire à bon escient.* Burla *signifie ieu de paroles ou autremět, qui n'est pas à bon escient.*

Alla va la lengua, do duele la muela. *La langue va, là où la dent fait mal.*

Al gusto dañado, lo dulce le es amargo. *Au goust depraué, le doux luy est amer.*

Refranes.   Prouerbes.

A las burlas aſſi ve a ellas, que no te ſalgan a veras. *Aux moqueries vas y de telle ſorte qu'elles ne ſe tournent point à bon eſcient.*

Al medico, confeſſor, y letrado, no le ayas engañado. *Le medecin, le confeſſeur, & l'aduocat ne les trompe pas, c'eſt à dire ne leur cele pas la verité de ton affaire.*

A la caſta, pobreza le haze hazer feeza. *A la chaſte, pauureté luy fait faire vilainie.*

A los ojos tiene la muerte, quien à cauallo paſſa la puente. *Celuy a la mort deuant les yeux, qui paſſe vn pont à cheual.*

Al ruin mientras mas le ruegan, mas ſe eſtiende. *Le meſchant, plus on le prie, plus il s'eſtend.*

A la buena juntate con ella, y a la mala ponle almohada. *A la bonne, accoſtes toy d'elle, & à la mauuaiſe, mets luy vn oreiller.*

A la vaſija nueua, queda el reſabio de lo que ſe echo en ella. *Au vaiſſeau neuf, demeure le reſſentiment ou l'odeur de ce que l'on a mis dedans.*

Al perro y al parlero, dexa los en el ſendero. *Le chien & le babillard, laiſſe-les au ſentier. i. ne les inquiete point.*

Al gato por ſer ladron, no le eches de tu manſion. *Le chat pour eſtre larron, ne le chaſſe de ta maiſon. i. encor qu'il ſoit larron.*

Al pobre no es prouechoſo, acompañarſe con el poderoſo. *Au pauure il n'eſt vtile de s'accompagner du puiſſant.*

Al buen amigo con tu pan, y con tu vino. *Le bon amy, auec ton pain, & ton vin. i. ſe*

A v

peut traicter sans faire de grands frais.

Al buen consejo, no se halla precio. *Au bon conseil, il ne se trouue point de prix. i. ne se peut assez priser.*

A las vezes lleua el hombre a su casa con que llore. *Quelquesfois l'homme remporte à sa maison dequoy pleurer.*

Al que da el capon, da le la pierna y el alon. *A celuy qui donne le chapon, presente luy la cuisse & l'aile.*

Al reues me la vesti, andese assi. *Ie l'ay restue à l'enuers qu'elle demeure ainsi.*

A la moça que ser buena, y al moço que el officio, no le puedes dar mayor beneficio. *A la fille, l'estre bonne, & au garçon vn mestier, tu ne leur sçaurois faire vn plus grand benefice.*

A la noche chichirimoche, y a la mañana chichirinada. *Ces deux dictions ne se peuuent expliquer & se rapportent au commun dire François, que les paroles du matin ne ressemblent pas à celles du soir.*

Aldeana es la gallina, y come la el de Seuilla. *La poulle est du village, & celuy de Seuille la mange. Seuille est icy entendue pour quelque ville que ce soit.*

Al que mal biue, el miedo le sigue. *Celuy qui mal vit, la crainte le suit.*

Al yerno y al cochino, vna vez el camino. *Au gendre & au cochon, monstre leur le chemin vne fois.*

A la muger y a la gallina, tuerce le el cuello y dar te ha la vida. *A la femme & à la poule*

tors luy le col, & elle te donnera la vie : c'est à dire,
que la femme t'obeira,& tu mangeras la poule.

Al enemigo si buelue la espalda, la puente de plata. A l'ennemy s'il tourne le dos, fais luy
vn pont d'argent.

Al villano dadle el dedo, tomara la ma-
no. Au vilain donez luy le doigt, il prendra la main.

Al que mal hizieres, no le creas. A celuy
que tu auras offensé, ne le croy pas.

Al herrero con baruas, y a las letras con
babas. Au forgeron auec barbe, & aux lettres auec
baues. C'est dire qu'il faut faire estudier les enfans
de bonne heure, car il n'est plus temps quand la barbe vient.

A la larga, el galgo a la liebre mata. A la
longue, le leurier tue le lieure.

Al cuco no cuques, y al ladron no hurtes.
Au coucou ne responds, & au larron ne desrobe pas.
Ce mot Cuques, se peut entendre pour respondre
au coucou par sa mesme voix, & sembleroit auoir en
l'infinitif Cucar, s'il estoit en vsage.

Al no ducho de bragas, las costuras le
matan. A celuy qui n'est accoustumé à porter brayes
les coustures le blessent. Brayes, ce sont des chausses.

Alla vayas mal, do te pongan buen ca-
beçal. Vas t'en mal, là où on te mette vn bō chenet.

Al bien buscallo, y al mal esperallo. Le bien
il le faut chercher, & le mal il le faut attendre.

Alquimia prouada, tener renta y no gastar nada. Alquimie esprouuée, auoir des rentes, &
ne rien despendre.

Al buen pagador, no le duelen prendas.
Au bō payeur il ne fait point de mal de bailler gages.

A vj

Al tiempo del higo, no ay amigo. *Au temps des figues, il n'y a point d'amy.*

Al agradecido, mas de lo pedido. *A celuy qui n'est point ingrat, donne luy plus qu'il ne demande.*

A las baruas con dineros, honrra hazen los caualleros. *Aux barbes qui ont de l'argent, les cheualiers leur font honneur.*

Almuerza con rufian, come con carpintero, y cena con recuero. *Desieune auec le rufien, disne auec le charpentier, & soupe auec le muletier.*

A la ramera y a la lechuga, vna temporada les dura. *A la putain & à la laictuë, vne saison leur dure.*

A la moça y la parra, alçarle la falda. *A la fille & à la vigne, luy faut haulser le pan.*

A la muger y a la picaça, lo que dirias en la plaça. *A la femme & à la pie, ce que tu dirois en la place.* i. *Dis leur ce que tu voudrois dire deuant tout le monde.*

Alazan tostado, antes muerto que cansado. *Alzan bruslé, plustost mort que lassé.*

Alla van leyes, do quieren Reyes. *Là vont les loix où veulent les Rois.*

Al hombre harto las cerezas le amargan. *Vn homme qui est saoul, trouue les cerises ameres. Cerezas, ce sont proprement guines, qui sont plus douces que les cerises.*

Al cuero y al queso compralo por peso. *Le cuir & le fromage, achete les au poids.*

A la puta y al juglar, a la vejez les viene mal. *A la putain & au basteleur, à la vieillesse* mal leur vient. Iuglar, c'est vn bouffon, & vn ioüeur de farces.

Al verano tauernera, y al inuierno panadera. En Esté tauerniere, & en Hyuer boulengere.

Alegrias antruejo, que mañana seras ceniza. Allegresse Caresme-prenant, car demain tu seras cendre.

Al mal capellan, mal sacristan. A mauuais chapelain, mauuais sacristain. Tel maistre, tel vallet.

Al hazer temblar, y al comer sudar. A la besongne trembler, & en mangeant suer.

Al que mal haze, nunca le falta achaque. A celuy qui fait mal, iamais ne luy manque occasion: qui fait mal, c'est à dire qui veut faire mal.

Al hierro el orin, y la embidia al ruin. Au fer la roüille, & l'enuie au meschant.

Algo ageno no haze heredero. Quelque chose de l'autruy ne passe à l'heritier.

Al delicado, poco mal y bien atado. Au delicat, peu de mal & bien lié. i. enueloppé.

Al buen varon, tierras agenas su patria, le son. A l'homme de bien les terres estrangeres sont sa patrie. Omne solum forti patria est, &c.

Alcarauan çancudo, para otros consejo, para si ninguno. Alcarauan tortu, pour d'autres a du conseil, & pour soy n'en a nul. Alcarauan est vn oiseau grand comme la cigoigne.

A la gallina, aprietale el puño, y apretar te ha el culo. A la poulle, serre luy le poing, &

elle te serrera le cul. i. si tu ne luy donnes à manger elle ne pondra point d'œufs.

Al principio o al fin, Abril suele ser ruin. Au commencement ou à la fin Auril a de coustume d'estre mauuais.

Al postrero muerde el perro. Le dernier le chien le mord. Le François dit: Le dernier, le loup le mange.

Al quinto dia veras, que mes auras. Au cinquiesme iour tu verras quel mois tu auras. i. au cinquiesme de la Lune.

A las malas lenguas, tixera. Aux mauuaises langues, faut des ciseaux. i. pour les rongner.

Al hombre osado, la fortuna le da la mano. A l'homme hardy, fortune tend la main. Audaces fortuna iuuat timidósq; repellit.

A las nueue, echate y duerme. A neuf heures, couches toy, & dors.

Al niño y al mulo, enel culo, sub. hieras, y no en la cabeça, ni en otra parte. L'enfant & le mulet, frappe les sur le cul, & non pas en la teste, ny autre part.

Al buen dia abrele la puerta, y para el malo te apareja. Au bon iour ouure luy la porte, & pour le mauuais appareille toy.

A la muerte, no ay cosa fuerte. Contre la mort il n'y a chose forte.

Algun dia sera la fiesta de nuestra aldea. Quelque iour sera la feste de nostre village.

Allega te a los buenos, y seras vno dellos. Accoste toy des gens de bien, & tu en seras du nombre. Cum sancto sanctus eris, &c.

Al hombre venturero, la hija le nace primero. *A l'homme auantureux, la fille luy naist la premiere.*

Al mal camino darſe prieſſa. *Au mauuais chemin il ſe faut haſter, afin d'en ſortir bien toſt.*

Al desdichado, poco le val ſer esforçado. *Au malheureux, peu luy vaut d'eſtre courageux.*

A la par es, negar y tarde dar. *C'eſt tout vn refuſer & tard donner.*

A lo que puedes ſolo, no eſperes a otro. *A ce que tu peux faire tout ſeul, n'attens perſonne pour t'aider.*

Al buey por el cuerno, y al hombre por el vierbo. *Le bœuf par la corne, & l'homme par la parole.* ſub. ſe lient.
Verba ligāt homines taurorū cornua funes.

A mocedad ocioſa, vejez trabajoſa. *A ieuneſſe oiſiue, vieilleſſe penible.*

Al rico no prometas, y al pobre no faltes. *Au riche ne promets rien, & au pauure ne luy māques pas.*

Alta mar y no de viento, no promete ſeguro tiempo. *La mer haute & non du vent, ne promet pas aſſeuré temps: haute, c'eſt à dire enflée.*

Ama a quien no te ama, y reſpōde a quien no te llama, andaras carrera vana. *Aimes qui ne t'aime pas, reſponds à qui ne t'appelle, tu iras la carriere vaine. i. tu perdras ta peine.*

Amores dolores y dineros no pueden eſtar ſecretos. *Amours, douleurs & deniers ne peuuent eſtre ſecrets.*

Amanſe ſu ſaña, quien por ſi miſmo ſe engaña. *Appaiſe ſa furie qui ſoy-meſme ſe trompe.*

Amores nueuos oluidan viejos. *Amours nouuelles font oublier les vieilles.*

Amor mesonero, quantas veo tantas quiero. *Amour d'hostellerie, autant que i'en voy autant i'en ayme.*

Amor de niño, agua en cestillo. *Amour de petit enfant, c'est eau en vn petit panier.*

Ama con amigo, ni la tengas ni la des a tu vezino. *Nourrice qui a vn amy, ne la prens pour toy, ny ne la donne à ton voisin.*

Amistad de yerno, sol de inuierno. *Amitié de gendre, c'est le Soleil d'Hyuer.*

Amigo de todos y de ninguno, todo es vno. *Amy de tous & de nul, c'est tout vn.*

Amor de padre, que todo lo otro es ayre. *Amour de pere, car tout autre n'est que du vent.*

A muertos y a ydos, no ay amigos. *Aux morts & aux partis, il n'y a point d'amis.*

Amigo del buen tiempo, mudase con el viento. *L'amy du bon temps, se change auec le vent.*

A manos lauadas, Dios les da que coman. *Aux mains lauées, Dieu leur donne dequoy manger.*

A mengua de pan, buenas son tortas. *A faute de pain, les gasteaux sont bons.*

Amor de monja, y fuego de estopa, y viento de culo, todo es vno. *Amour de religieuse, feu d'estoupe, & vent de cul, c'est tout vn.*

Andando gana la hazeña, que no estandose queda. *Le moulin gagne en allant, &*

non pas en rien faisant.

A nueuo negocio nueuo consejo. *A nouuel affaire, nouueau conseil.*

Anguila empanada, y lamprea escabechada. *Anguille en paste, & lamproye en saulse noire. Escabeche, c'est comme du ciué.*

Año de nieues, año de bienes. *Année de neiges année de biens : d'autres disent* miesses, *pour* bienes, *& signifie moissons.*

Antes ciegues que mal veas. *Sois plustost aueugle que de voir mal.*

Antes que cases mira que hazes, que no es ñudo que deshazes. *Deuant que tu te maries, regarde bien que tu fais, car ce n'est pas un nœud que tu desfaces.*

Antes moral que almendro. *Plustost meurier qu'amandier. Le meurier est estimé le plus sage de tous les arbres, d'autant qu'il fleurit le plus tard, & au contraire l'amandier fleurit le premier de tous.*

Ande me yo caliente, y riase la gente. *Que ie sois bien chaudement, & que le monde s'en rie tant qu'il voudra.*

Anda a tu amo a sabor, si quieres ser seruidor. *Fais au gré de ton maistre, si tu veux estre seruiteur.*

Ante Reyes o grandes, o calla, o cosas gratas habla. *Deuant les Rois ou les grands, ou te tais, ou bien parle de choses agreables.*

Antes que conoscas, ni alabes ni cohondas. *Deuant que tu cognoisses, ny ne loues, ny ne confonds. i. ne desprise pas.*

Andamos a las verdades, como hazen las

comadres. *Nous allons aux veritez, comme font les commeres.*

Ante la puerta del rezador, nunca eches tu trigo al sol. *Deuant la porte d'vn diseur de patenostres, ne mets pas ton bled pour seicher au Soleil. i. ne te fies pas à luy.*

Antes di que digan. *Dis plustost que l'on dise. i. qu'on parle mal de toy.*

Anda el hombre a trote, por ganar el capote. *L'homme va au trot, pour gaigner le capot.*

Año de lande, año de landre. *Année de glands, année de peste. Gland se dit autrement bellota.*

Antes perdere la soldada, que tantos mādados haga. *Plustost ie perdray la solde, que ie face tant de commandemens.*

Antes quebrar que doblar. *Plustost rompre que doubler, ou plier.*

Anda cada oueja con su pareja. *Chasque brebis va auec sa pareille.*

A otro perro con esse huesso. *A vn autre chien auec cet os.*

Antes al ruyseñor que cantar, que à la muger que parlar. sup. faltara. *Plustost au rossignol que chanter, que non pas à la femme dequoy parler. i. manquera.*

Año de eladas, año de paruas. *Année de gelées, année de bleds. Parua signifie vne airée de bled que l'on met en la grange pour batre.*

A otro mercado vaya, do mejor venda su hilaza. *Qu'il voise à vn autre marché, où il vende mieux sa filace.*

A olla que hierue, ninguna mosca se

Refranes.   Prouerbes.   19

atreue. *A vne marmite qui boult, mousche ne s'y attaque.*

A padre guardador, hijo gastador. *A pere espargnant, fils despensier.*

A pan duro, diente agudo. *A pain dur, dent aiguë.*

A pan de quinze dias, hambre de tres semanas. *A pain de quinze iours, faim de trois sepmaines.*

A pobreza no ay verguença. *A pauureté il n'y a point de honte. Necessité n'a point de loy.*

Apartate de mi, dare por mi y por ti: esto dize vn arbol a otro. *Recules toy de moy, & ie donneray pour moy & pour toy : ce dit vn arbre à l'autre.*

A palabras locas, orejas sordas. *A paroles folles, oreilles sourdes.*

A pressurosa demanda, espaciosa respuesta. *A demande hastiue, responsse tardiue.*

Aprouecha te del viejo, y valdra tu voto en consejo. *Sers toy du vieillard, & ta voix aura lieu au conseil. Aprouecharse, veut dire faire son profit, vser, se seruir.*

Aprende llorando, reyras ganando. *Apprends en pleurant, & tu riras en gaignant.*

A puerta de caçador, nunca gran muladar. *A porte de chasseur, n'y a iamais grãd fumier.*

A par de rio ni compres viña, ni oliuar, ni caserio. *Aupres d'vne riuiere n'acheptes vigne ny iardin d'oliuiers, ny maison.*

A poco pan, tomar primero. *A peu de pain faut prendre des premiers.*

A poco dinero, poca salud. *A peu d'argent, peu de santé ou peu de salut.*

Aprende por arte, y iras adelante. *Apprens par art, & tu iras deuant, ou en auant.*

Aprendiz de Portugal, no sabe coser y quiere cortar. *Apprentif de Portugal, qui ne sçait pas couldre, & veut tailler.*

Aprende baxa y alta, y lo que el tiempo tañere esso dança. *Apprends la basse & la haute, & ce que le temps sonnera, danse le.*

A quien dan no escoge. *Celuy à qui on donne ne choisit pas.*

A quien vela, todo se reuela. *A celuy qui veille, tout se reuele.*

A quien cierne y amassa, no le hurtes hogaça. *A celuy qui sasse & pestrit, ne luy desrobe point de fouace.*

A quien no le sobra el pan, no crie can. *Celui qui n'a point de pain plus qu'il luy en faut, qu'il ne nourrisse point de chien.*

A quel es tu amigo que te quita de ruydo. *Celuy-là est ton amy, qui t'oste de bruit. i. d'affaire.*

A quien mala fama tien, ni accompañes ni quieras bien. *Celuy qui a mauuaise renommée, ne l'accompagne, ny ne luy vueilles bien.*

Aquel pierde venta, que no tiene que venda. *Celuy perd sa vente, qui n'a rien à vendre.*

A quien ha mordido la culebra, guarde se de ella. *Celuy qui a esté mordu de la couleuure, qu'il se garde d'elle.*

A quien has de dar de cenar, no te duela

darle a merendar. *A celuy que tu dois donner à souper, ne te fasches pas de luy donner à gouster.*

A quien Dios quiere bien la perra le pare puercos. *A celuy que Dieu aime bien, la chienne fait des cochons.*

A quellos son ricos que tienen amigos. *Ceux-là sont riches qui ont des amis.*

A quien no tiene nada, nada le espanta. *Celuy qui n'a rien, rien ne l'espouuente.*

Aquella es bien casada, que no tiene suegra ni cuñada. *Celle-là est bien mariée qui n'a belle-mere, ny belle-sœur.*

Aquella aue es mala, que en su nido caga. *Cet oiseau est meschant, qui chie en son nid. Le bon oiseau ne fait point d'ordure en son nid.*

A quien haze casa o se casa, la bolsa le queda rasa. *A celuy qui fait vne maison, ou qui se marie, la bourse luy demeure rase. i. vuide ou plate.*

Araña quien te arañó? otra araña como yo. *Araignée qui t'a faite? vne autre araignée comme moy.*

A la vulpeja dormida, no le cae nada en la boca. *Au renard endormy, il ne luy tombe riē en la gueule.*

A Rey muerto, reyno rebuelto. *A Roy mort, royaume reuolté ou troublé.*

Arde verde por seco, y pagan justos por pecadores. *Le verd brusle pour le sec, & les iustes payent pour les pecheurs. Les bons patissent pour les mauuais.*

A ruyn, ruyn y medio. *A meschant, mes-*

chant & demy.

A san Clemente, alça la mano de simien-
te. A la sainct Clement, oste la mai.. de la seme.e.

A saluo esta el que repica. Celuy qui sonne le torsaing est à sauueté.

Assi es el marido sin hecho, como la casa sin techo. Ainsi est le mary sans effect, comme
la maison sans toict.

Asno sea quien a asno bozea. Asne soit il
qui contre vn asne crie. i. Celuy est bien asne qui
dispute contre vn ignorant opiniastre.

Asno coxo y hombre roxo, y el demuño
todo es vno. Vn asne boiteux, vn homme rousseau, & le diable, c'est tout vn.

Assi dixo la zorra de las vuas, no pudien-
dolas alcançar que no estauan maduras.
Ainsi dit le renard des raisins, n'y pouuant atteindre,
qu'ils n'estoient pas meurs. Le Fr. Ainsi dit
le renard des meures.

Assi se cria el huerto, como el cuerpo.
Ainsi se nourrit ou se traicte le iardin, comme le
corps.

Asno de muchos, lobos le comen. L'asne
de plusieurs, les loups le mangent.

Assienta culo y henchiras huso. Assieds
toy sur ton cul, & tu empliras ton fuseau.

A tu criado, no le hartes de pan no pe-
dira queso. Ton valet ne le saoule pas de pain, &
il ne demandera point de fromage.

A tu mesa ni a la agena, no te sientes la
bexiga llena. A ta table ny à celle d'autruy ne
t'y assieds pas la vessie pleine.

A tu por tu como en tauerna. A toy pour

soy comme en la tauerne.

A torrezno de tocino, buen golpe de vino. *A vn morceau de lard ou salé, vne bonne fois de vin.*

A todo ay maña sino à la muerte. *A tout il y a adresse ou remede, fors qu'a la mort.*

Aun aora comen el pan de la boda. *Encor à ceste heure ils mangent le pain de la nopce.*

Aunque vistays la mona de seda, mona se queda. *Encor que vous vestiez le singe de soye, tousiours demeure singe.*

Aue de cuchar, nunca en mi coral. *Oiseau au bec large, ie ne le veux en ma court.*

Aue de cuchar, mas come que val. *Oiseau au bec large, mange plus qu'il ne vaut.*

Aunque manso tu sabuezo, no le muerdas enel beço. *Encor que ton limier soit doux, ne le mords pas en la babine.*

Aunque compuesta la mentira, siempre es vencida. *Encor que la menterie soit bien parée, elle est tousiours vaincuë.*

Aunque malicia escuresca verdad, no la puede apagar. *Encor que malice offusque verité, elle ne la peut esteindre.*

Aue por aue, el carnero si bolasse. *Oiseau pour oiseau, le mouton s'il voloit.*

Aun no es nascido y ya estarnuda. *Il n'est pas encor né, & ja il esternuë.*

Aurora ruuia, o viento o lluuia. *Aurore rouge denote vent ou pluye.*

Aunque seas prudente viejo, no desdeñes el consejo. *Encor que tu sois prudent vieillard, ne desdaignes pas le conseil.*

Auiades de madrugar mas, para tomar la paxara enel nido, durmistes os hallastes le vazio. *Vous vous deuiez leuer plus matin pour prendre la mere au nid, vous vous estes endormy, & vous l'auez trouué vuide.* Paxara est le feminin de Paxaro, que nous ne disons pas en François: nostre Prouerbe dit, Prendre la mere au nid.

A vendimia mojada, la cuba presto aliuiada. *A vendange moüillée, le tonneau est bien tost allegé.*

Ayudandose tres, para peso de seys. *Trois s'aydans l'un l'autre, sont suffisans pour le faix de six.*

A tuerto o a derecho, nuestra casa hasta el techo. *Soit à tort ou soit à droict, la maison (pleine) iusqu'au toict.*

Algun dia mande tanto Pedro como su amo. *Quelque iour Pierre commandera autant que son maistre.*

A nueuas necessidades, nueuos consejos. *A nouuelles necessitez, nouueaux conseils.*

Aquel no haze poco, que su mal echa a otro. *Celuy-là ne fait pas peu, qui baille son mal à vn autre.*

Aquel va mas sano, que anda por lo llano. *Celuy-là va plus sain, qui va par le plain.*

Ayer vaquero, oy cauallero. *Hier vacher, auiourd'huy chevalier.*

Ay que trabajo vezina, el cieruo muda el penacho cada año, y vuestro marido cada dia. *Hé que de peine ma voisine, le cerf change de cornes tous les ans, & vostre mary tous les iours.*

Azeite y vino, y amigo antiguo. *Huile & vin &*

vin & amy ancien: c'est vne bonne prouision.

Azeyte de oliua todo mal quita. *Huile d'oliue oste tout mal: parce qu'elle est bonne à toute chose, & s'vse en beaucoup de medicamens*

B

Baldon de señor y de marido, nunca es çaherido. *Blasme ou iniure de seigneur & de mary, n'est iamais reprochée.*

Baruero o loco o parlero. *Barbier, ou fol, ou babillard.*

Barua de tres colores, no la traen sino traydores. *Barbe de trois couleurs, il n'y a que les traistres qui la portent.*

Barriga caliente pie durmiente. *A pance chaude, pied endormy. Quand on est bien saoul on ne veut rien faire.*

Bendito sea el varon que por si se castiga y por otro non. *Benit soit le personnage qui de soy se chastie, & n'est chastié par vn autre.*

Bendita sea la puerta, por do sale la hija muerta. *Benite soit la porte, par où sort la fille morte.*

Bendita aquella casa, que no tiene corona rapada. *Benite celle maison, qui n'a point de couronne rasée.*

Bezerro manso mama a su madre, y a otras quatro. *Le veau doux tette sa mere, & quatre autres de plus.*

Bezerra mansa, mama de su madre y de la agena. *Genisse douce, tette sa mere & celle d'vn autre.*

B

Bien sabe el fuego, cuya capa quema. Bien sent le feu, de qui la cape brusle.

Besos amenudo, mensajeros son del culo. Les baisers drus, sont messagers du cul. Drus signifie frequens.

Bien se lo que digo, quando pan pido. Ie sçay bien ce que ie dis, quand ie demande du pain.

Bien canta Martha despues de harta. Biē chante Marthe, apres qu'elle est saoule.

Bien sabe el sabio que no sabe, el necio piensa que sabe. Bien sçait le sage, qu'il ne sçait pas, mais le fol pense bien sçauoir.

Bien perdido y conocido. Bien perdu & cogneu.

Bien vengas mal, si vienes solo. Tu sois le bien venu mal, si tu viens seul. Le Fr. Vn malheur ne vient iamais seul.

Bien se laua el gato, despues de harto. Bien se laue le chat, apres qu'il est saoul.

Bien ama quien nunca oluida. Bien ayme qui iamais n'oublie. Le Fr. Qui bien ayme, tard oublie.

Biua la gallina con su pepita. Viue la poule auec sa pepie.

Bien sabe el asno en cuya cara rebuzna. L'asne sçait bien à la face de qui il brait : d'autres disent, casa, au lieu de cara, & lors il y auroit, en la maison, au lieu de, à la face.

Bien parece el lindero, entre mi y mi cōpañero. Bien seante est la borne entre moy & mon compagnon. i. il fait beau voir ce qui est à soy separé de l'autruy, quelque amy qu'il soit.

Boca de miel manos de hiel. Bouche de

miel, mains de fiel.

Bocado comido no gana amigo. *Morceau qui est mangé ne fait point d'amy.*

Bolsa sin dinero, digole cuero. *Bourse sans argent ie l'appelle cuir.* Sur ce mot cuero, il y a vne belle allusion, car il signifie du cuir, & vne peau de bouc où se met le vin & l'huile d'oliue, qui autrement se dit odre, & aussi se dit pour iniure à vn yurongne.

Bofeton amagado, nunca bien dado. *Soufflet menacé ne fut iamais bien donné.* Amagar signifie faire mine de frapper ou donner.

Bocado de mal pan, ni lo comas, ni lo des a tu can. *Morceau de mauuais pain, ne le manges pas, ny ne le bailles à ton chien.*

Boca con duelo no dize bueno. *Bouche auec dueil ne dit point bon.* Ceste diction bueno, veut dire se porter bien, comme estoy bueno, ie me porte bien.

Bostezo luengo, hambre o sueño. *Baaillement long, signifie faim ou sommeil.*

Buena es la gallina que otro cria. *Bonne est la poule qu'vn autre nourrit.*

Buena tela hila quien su hijo cria. *Celle-là file vne bonne toile, qui nourrit son enfant.*

Buena fama hurto encubre. *Bonne renommée, cache ou couure le larcin.*

Buena vida padre y madre oluida. *La bonne vie pere & mere oublie,* i. La bonne chere & le bon temps nous fait oublier nos parens.

Buena olla y mal testamento. *Bonne marmite & mauuais testament.* Le Fr. Grand chere & petit testament, les Prestres sont trop riches.

B ij

Buena es la nieue que en su tiempo viene. *Bonne est la neige, qui vient en sa saison.*

Buenas palabras y ruynes hechos engañan sabios y locos. *Bonnes paroles & mauuais faicts, trompent les sages & peu discrets.* Loco veut dire fol.

Bien ayuna quien mal come. *Bien ieusne celuy qui a mal a manger. Assez ieusne qui mal mange.*

Bueno de combidar malo de hartar. *Bon à semondre, malaisé à saouler.*

Buen comer trae mal comer. i. a los prodigos. *Bon manger ameine mal manger, c'est à sçauoir aux prodigues.*

Buen pie y buena oreja, señal de buena bestia. *Bon pied & bonne oreille, c'est signe d'vne bonne beste.*

Buen amigo es el gato, sino que rascuña. *Bon amy est le chat, horsmis qu'il esgratigne.*

Buena es la tardança, que haze la carrera segura. *Bon est le retardement, qui fait la carriere asseurée.*

Buen principio la mitad es hecho. *Bien commencé c'est à moitié faict.*

Buey suelto bien se lame. *Vn bœuf lasché se leiche tout à son aise: Il n'est que d'estre libre.*

Buñolero solia ser boluime a mi menester. *Faiseur de bignets ie soulois estre, ie suis retourné à mon mestier.*

Burlaos con el asno daros ha en la barua con el rabo. *Ioüez vous auec l'asne, il vous donnera de sa queuë à trauers du nez:* Barua c'est le menton.

Refranes. Prouerbes.

Buey viejo sulco derecho. *Vieil bœuf fait le seillō droict. Le Fr. Il n'est chasse que de vieux limiers: autres disent, de vieux chiens.*

Burlaos con el loco en casa, burlara con vos en la plaça. *Iouez vous auec le fol en la maison, il se iouera auec vous en la place.*

Buscar pan de trastrigo. *Chercher du pain meilleur que de froment.*

Buenas son mangas passada la Pasqua. *Les manches sont bonnes Pasques estans passées.*

C

Cabello luengo y corto el seso. *Longs cheueux courte ceruelle: Seso veut dire l'entendement, Sesos au plurier, signifie la ceruelle.*

Cada hormiga tiene su ira. *Chasque fourmy a sa cholere. i. il n y a si petit animal qui ne se ressente quand on l'offense.*

Cada cuba huele, al vino que tiene. *Chasque tonneau sent le vin qui est dedans.*

Cabrito de vn mes, rezental de tres. *Cheureau d'vn mois, vn aigneau de trois.*

Cada qual en su corral, dessea tener caudal. *Chascun desire en sa court auoir de la denrée.*

Cacarrear y no poner hueuo. *Caqueter & ne pondre point d'œuf. i. parler sans effect.*

Cada carnero de su pié cuelga. *Chasque mouton est pendu par son pied.*

Cada vno estienda la pierna como tiene la cubierta. *Chascun estende la iambe selon la couuerture.*

B iij

Cada vno dize de la feria come le va en ella. *Chascun parle de la foire selon qu'il luy va en icelle, c'est à dire selon la bonne ou mauuaise vente de sa denrée.*

Cabritilla que suele mamar, prure le el paladar. *Cheurette qui a accoustumé de teter, le palais luy demange.*

Cada buhonero alaba sus cuchillos. *Chasque mercier louë ses cousteaux.*

Cada cosa en su tiempo, y nabos en aduiento. *Chasque chose en son temps, & des naueaux en l'Aduent.*

Cada qual siente el frio como anda vestido. *Chascun sent le froid selon qu'il est vestu.*

Cada cabello haze su sombra enel suelo. *Chasque cheueux fait son ombre en terre.*

Cada qual hable en lo que sabe. *Que chascun parle de ce qu'il sçait.*

Callar y obrar por la tierra y por la mar. *Se taire & besongner par terre & par mer.*

Calle el que dio, hable el que tomo. *Se taise celuy qui a donné, & parle celuy qui a receu.*

Carne carne cria, y peces agua fria. *La chair nourrit la chair, & le poisson l'eau froide.*

Casa en canton y viña en rincon. *Maison en coing, & vigne en recoin ou angle.*

Cagajones y membrillos todos somos amarillos. *Crottes de merde & coings tous sommes iaunes.*

Casa cumplida en la otra vida. *Maison accomplie en l'autre vie.*

Casa de padre viña de abuelo. *Maison de pere, & vigne de grand pere.*

Refranes.   Prouerbes.

Casa en que biuas, vino que beuas, tierras quantas veas. Maisō pour ta demeure, du vin pour ta boisson, & des terres tāt que ta veuë peut porter.

Casar casar suena bien y sabe mal. Marier marier sonne bien & sent mal. i. a mauuais goust.

Casar y cōpadrar cada qual con su ygual. Se marier & faire cōperage, chascun auec son pareil.

Callar y ojos, tomaremos la madre y los pollos. Se taire & ouurir les yeux, nous prendrons la mere & les petits.

Cauallo que no sale del establo siempre relincha. Cheual qui ne sort point de l'establo, tousiours hennit.

Cauallo que buela no quiere espuela. Cheual qui vole ne veut point d'esperon.

Canta la rana, y no tiene pelo ni lana. La grenoüille chante, & si n'a ny poil ny laine.

Can que mucho lame saca sangre. Vn chiē qui leche beaucoup, tire du sang.

Cauallo houero, a puerta de albeytar o gran cauallero. Cheual aubere, à la porte du mareschal ou grand caualier.

Calenturas otoñades, o muy luengas o mortales. Fieures automnelles, ou fort longues, ou mortelles.

Castigar vieja y espulgar pellon, dos ſe-uaneos son. Chastier vne vieille & espuceter vn pelisson, deux folies ce sont.

Cauame en poluo y biname en lodo, y darte he vino hermoso. Besches moy en poußiere, & me bine en fāge, & ie te dōneray vn beau vin.

Cargado de hierro, cagado de miedo. Chargé de fer & conchié de peur.

B iiij

Caro cuesta el arrepentir. *Cher couste le repentir.*

Caldo de nabos, ni le viertas, ni le des a tus hermanos. *Boüillon de nauets, ne le respãds pas, ni ne le donnes à tes freres.*

Cada oueja con su pareja. *Chasque oüaille auec sa pareille: on pourroit adiouster deuant An-de, aille ou voise.*

Cada mosca tiene su sombra. *Chasque mousche a son ombre.*

Cauallo rucio rodado, antes muerto que cansado. *Cheual gris pommelé, plustost mort que lassé.*

Cae en la cueua, el que otro a ella lleua. *Celuy tombe en la fosse qui y conduit vn autre.*

Camino de Roma, ni mula coxa, ni bolsa floxa. *Chemin de Rome, ny mule boiteuse, ny bourse plate* Floxa *signifie foible & mal garnie.*

Casa el hijo quando quisieres, y la hija quando pudieres. *Maries ton fils quãd tu voudras, & ta fille quand tu pourras.*

Casa te y veras, perderas sueño, nunca dormiras. *Maries toy & tu verras, tu perdras le sommeil iamais tu ne dormiras.*

Cedaçuelo nueuo tres dias en estaca. *Vn sassét tout neuf, trois iours pendu à la cheuille.*

Chica es la punta de la espina, mas a quiẽ duele no la oluida. *Petite est la pointe de l'es-pine, mais celuy à qui elle fait mal ne l'oublie pas.*

Cierra tu puerta, y haras tu vezina buena. *Fermes ta porte, & tu feras ta voisine bonne.*

Occasio facit furem. *L'occasion fait le larron.*

Ciento de vn vientre, y cada vno de su

mente. Cent tous d'un ventre, & chacun de son opinion. Tot capita tot sensus.

Cose que cosas, y no que rompas. Coulds que tu coulses, & non que tu rompes ou deschires. i. buen paño cosas. coulds de bon drap.

Compuesta no ay muger fea. Il n'y a point de femme laide estant attifée.

Come con el y guarte del. Manges avec luy, & te donnes garde de luy, c'est à dire du meschant.

Con vn lobo no se mata otro. Les loups ne se tuent l'vn l'autre. Le Fr. dit. ne se mangent.

Con lo que Pedro adolesce Sancho y Domingo sanan. Cela dequoy Pierre est malade, Saint & Dominique en guarissent. Ce nom Saint au masculin est rare en France, trop bien Sainte au feminin s'vse.

Con agena mano sacar la culebra del horado. Auec la main d'autruy tirer la couleuvre du trou.

Con el buen sol estiende se el caracol. Auec le bon soleil, le limaçon s'estend.

Como canta el Abad, assi responde el sacristan. Comme chante l'Abbé, ainsi respond le sacristain.

Con cabeça de lobo, gana el raposo. Auec la teste du loup, le renard gaigne.

Con mal esta la casa, donde la rueca manda el espada. Celle maison est mal en train, où la quenoüille commande à l'espée.

Con viento limpian el trigo, y los vicios con castigo. Auec le vent on nettoye le bled, & les vices auec le chastiement.

B v

Con la muger y el dinero, no te burles compañero. *Auec la femme & l'argent, ne te ioües pas mon compagnon.*

Compañia de tres, buena es. *Compagnie de trois est bonne.*

Compañia de vno, compania de ninguno, compañia de dos compania de Dios, compañia de tres, cõpania de Reyes, compañia de quatro, compañia de diablo. *Compagnie d'vn compagnie de nul: cõpagnie de deux, compagnie de Dieu: cõpagnie de trois, compagnie de Rois: compagnie de quatre, cõpagnie de diable.*

Con mal està el huso quando la barua no anda de suso. *Le fuseau est bien mal quand la barbe ne va par dessus. Le fuseau est icy pris pour la femme, & la barua signifie l'homme.*

Compañia de tres no val res. *Compagnie de trois ne vaut rien. Res est icy mot Catalan, & signifie en Castillan vne brebis.*

Con mala persona el remedio, mucha tierra en medio. *Le remede qu'il y a auec vne meschante personne, c'est qu'il y ait beaucoup de terre entre deux.*

Con la agena cosa, el hõbre mal se honrra. *Auec la chose d'autruy l'on s'honore mal.*

Como costal de caruonero malo de fuera, peor de dentro. *Comme vn sac de charbonnier, meschant par dehors, & pire au dedans.*

Contra fortuna no vale arte ninguna. *Contre la fortune ne sert science aucune.*

Con buen vezino, casaras tu hija y venderas tu vino. *Auec vn bon voisin, tu marieras ta fille, & vendras ton vin.*

Con los grãdes ladrones, ahorcan los me-

Refranes. Prouerbes.

nores. *A tout les grands larrõs, on pẽd les petits.*

Con guardas y velas, los cuernos se vedã. *Auec gardes & chandelles les cornes s'euitẽt, ou s'empeschẽt. Velas signifie chandelles, & sentinelles, ou veilles.*

Con vna cautela, otra se quiebra. *Par vne cautelle ou ruse, l'autre se rompt.*

Confiessa y paga, yr te has mañana. *Confesses & payes, tu t'en iras demain.*

Coces de yegua, amores para el rocin. *Ruades de iument, ce sont amours pour le roussin.*

Conoceras la locura, en cantar y iugar, y correr mula. *Tu cognoistras la folie, au chanter & iouer, & à courir la mule.*

Con agua passada no muele molino. *Auec de l'eau qui est passée, le moulin ne mould pas.*

Consejo de quien bien te quiere, aunque te paresca mal escriuele. *Le conseil de qui te veut bien, encor qu'il te semble mauuais, escris-le.*

Cortesia de boca, mucho vale y poco costa. *Courtoisie de bouche vaut beaucoup, & ne couste gueres: de bouche, c'est à dire de la parole.*

Corta cortador y compon cosedor. *Tailles tailleur, & assembles cousturier ou couseur. i. chascun face ce qu'il entend.*

Contra peon hecho dama, no para pieça en la tabla. *Contre vn pion damé, n'arreste aucune piece au damier.*

Cosa que no se venda, nadie la siembra. *Chose qui ne se vende, personne ne la seme.*

Con fauor no te conoceras, sin el no te conoceran. *Auec faueur tu ne te cognoistras, & sans icelle on ne te cognoistra pas.*

B vi

Con mal o con bien a los tuyos te aten.
Soit mal soit bien, tiens toy aux tiens.

Con bien vengas mal, si vienes solo. *Tu sois le bien venu, mal, si tu viens seul.*

Con el ojo ni la fe, no me burlare. *Auec l'œil ny auec la foy, ie ne me ioüeray: parce que ce sont choses delicates & dangereuses.*

Con cierço llueue de cierto: añade. En verano mas no en inuierno. *Auec la bise il pleut pour tout certain: adioustes-y, En Esté, mais non pas en Hyuer.*

Consejo sin remedio es cuerpo sin alma. *Conseil sans remede, c'est vn corps sans ame.*

Come poco y cena mas, duerme en alto y biuiras. *Disnes peu, & soupes d'auantage, dors en lieu haut, & tu viuras long temps.*

Cochino fiado, buen inuierno y mal verano. *Le pourceau pris à credit te donnera bon Hyuer, & mauuais Esté; parce que l'ayant mangé en Hyuer, il faudra gaigner en Esté pour le payer.*

Como para siempre, ni aborrece ni quiere. *Comme pour tousiours, ne hays ny n'aimes.*

Compar caro no es franqueza. *Acheter cher ce n'est pas franchise: c'est à dire, ce n'est liberalité ny largesse.*

Con vna sardina pescar vna trucha. *Auec vne sardine pescher vne truite.*

Comprar en feria y vender en casa. *Acheter à la foire, & vendre à la maison.*

Comun conuiene que sea, quien comunidad dessea. *Il faut que celuy là soit commun, qui desire la communauté.*

Refranes. Prouerbes.

Con Latin, rocin y florin, andaras el mundo. *Auec le Latin, rouſſin & le florin, tu iras par le monde.*

Con beſtia vieja ni te caſes ni alhajes. *Auec beſte vieille, ny ne te maries, ny ne t'emmeubles.*

Coxo y no de eſpina, no ay maldad que no maquina. *Boiteux & non de piqueure d'eſpine, il n'y a malice qu'il ne machine.*

Cubrios de vn paues, y de bozes no cures. *Couurez vous d'vn pauois, & ne vous souciez des voix, c'eſt à dire des paroles qu'on peut dire de vous.*

Cria coruo y ſacar te ha el ojo. *Nourris vn corbeau, & il te creuera l'œil. Sacat ſignifie tirer hors.*

Cuentas de beato y vñas de gato. *Patenoſtres de beat, & griffes de chat. Ce mot beat n'eſt gueres cogneu ny vſité, ſi ce n'eſt à l'endroit des Religieux que l'on appelle Beau-peres par ignorance, au lieu de Beat-peres. Beato, c'eſt vne eſpece d'Hermite.*

Cuñada y ſuegra ni de barro buena. *Belle ſœur & belle-mere de terre meſme n'eſt pas bonne.*

D

Da Dios alas a la hormiga, paraque ſe pierda mas ayna. *Dieu donne des ailes à la fourmy afin qu'elle ſa perde pluſtoſt.*

Da Dios hauas a quien no tiene quixadas. *Dieu donne des febues à qui n'a point de machoires.*

Da Dios almẽdras a quien no tiene muelas. *Dieu donne des amendes à qui n'a point de maschelieres.*

Da Dios nuezes a quien no tiene dientes. *Dieu donne des noix à qui n'a point de dẽts.*

Dadiuas quebrantan peñas. *Les dons rompent les rochers.*

Dadiua de ruin a su dueño parece. *Don de meschant ressemble à son maistre.*

De enemigo reconciliado y de viento de horado, y de hombre que va dissimulado. sub. guarde me Dios. *D'un ennemy reconcilié, & du vent qui passe par un trou, & d'un hõme qui est dissimulé, Dieu m'en vueille garder.*

De rocin a ruin. *De roussin à meschant, ou de bon cheual à rien ne vaut.*

De los ruydos guarte, no seras testigo ni parte. *Des noises gardes toy, & tu ne seras ni tesmoin ni partie.*

De su estado ningun ay contento. *De son estat ou condition nul n'est content.*

De la mar la sal, de la muger mucho mal. *De la mer vient le sel, de la femme vient beaucoup de mal.*

Del ayrado vn poco te desuia, del callandriz toda tu vida. *Du choleré destourne toy pour vn peu, & de celui qui ne dit mot toute ta vie.*

Dedo de espada, palmo de lança, es gran ventaja. *Vn doigt d'espée, vn empan de lance, est vn grand auantage.*

De gran rio gran pez, mas no te ahogues alguna vez. *De grand riuiere grãd poisson, mais gardes toy bien de t'y noyer quelque fois.*

Refranes. Prouerbes. 39

Del mal que hizieres no tengas testigo, aunque sea tu amigo. *Du mal que tu feras n'ayes point de tesmoin, encor qu'il te soit amy.*

De pequeña centella gran hoguera. *De petite estincelle vient vn grand feu.*

De mala mata nunca buena çarça. *De mauuais buisson, iamais ne vient bonne ronce.*

De piel agena, larga la correa. *Du cuir d'autruy large couroye. Larga signifie propremēt longue: mais le François dit large.*

De hijos y corderos los campos llenos. *D'enfans & d'aigneaux les champs tout pleins.*

De buena vid planta la viña, y de buena madre la hija. *De bon cep plante la vigne, & de bonne mere la fille.*

Del agua mansa te guarda, que la rezia presto se passa. *De l'eau paisible gardes toy, que la roide passe bien tost. Le Fr. dit: Il n'y a pire eau que celle qui dort.*

De puta y paño pardo, mejor es lo mas barato. *De putain & de drap gris, le meilleur est ce qui en est à meilleur marché.*

De luengas vias luenguas mentiras. *De longs voyages, longues mensonges.*

De lo contado come el lobo. *De ce qui est conté mange le loup. Le Fr. Des brebis contées, le loup en mange bien.*

De buena casa buena brasa. *De bonne maison, bonne braise.*

De hora en hora Dios mejora. *D'heure en heure Dieu ameliore.*

Dezir y hazer como la hornera al jarro. *Dire & faire comme la boulangere au pot.*

De vn hombre nescio a vezes buen consejo. D'vn homme sol, quelquesfois vient bon conseil.

Despues de descalabrado vntar el casco. Apres la teste brisée, oindre le casque.

Del loco porrada, o mala palabra. Du sol vne lourderie ou mauuaise parole. Porrada est aussi vn coup de massuë, ou la mesme massuë ou marotte du sol.

Del fuego te guardaras, y del mal hombre no podras. Du feu bien tu te garderas, mais du meschant tu ne pourras.

De los sueños cree los menos. Des songes crois en le moins. Les songes sont mensonges.

De dineros y bondad siempre quita la mitad. D'argent & de bonté ostes-en tousiours la moitié.

De hare hare nunca me pague, mas vale vn toma que dos te dare. De feray feray iamais ie ne me suis contenté, mieux vaut vn tien que deux ie te donneray. Le Fr. Mieux vaut vn tien que deux tu l'auras.

Destron el consejo, la lengua el ciego. Le conseil est la guide, & la langue est l'aueugle.

De puerta cerrada el diablo se torna. De porte fermée, le diable s'en retourne.

De mal cueruo mal hueuo. D'vn meschãt corbeau, vn mauuais œuf.

De los colores la grana, de las frutas la mançana. Des couleurs l'escarlate, des fruicts la pomme.

De bezerros y vacas, van pieles a las plaças. De veaux & vaches, vont les peaux à la

Refranes.   Prouerbes.   41

place. Le Fr. Auſſi toſt meurt veau que vache. ou autrement: On voit autãt de peaux de veaux au marché, que de peaux de vaches.

De potro ſarnoſo, buen cauallo hermoſo. De poulain galleux, bon cheual & beau.

De tales bodas, tales tortas. De telles nopces, telles tourtes ou gaſteaux.

De cuñado nunca buen bocado. De beau frere, iamais bon morceau.

De tal pedaço tal retaço. De telle piece, tel eſchantillon.

Del pan de mi compadre, buen çatico a mi ahijado. Du pain de mon compere, vn bon quignon à mon fillol.

De bueyzillo veras, que buey haras. De bouuillon tu verras, quel bœuf tu feras.

Dexemos padres y abuelos y por noſotros ſeamos buenos. Laiſſós nos peres & nos ayeuls, & ſoyons pour nous meſmes gens de bien.

De mal vino la oueja, alla va la pelleja. De mal eſt venuë la brebis, là s'en reua la peau. Le Fr. Ce qui eſt venu à la fleute, s'en reua au tabourin.

Deſpues de beuer, cada vno dize ſu parecer. Apres boire, chacun dit ſon aduis.

De coſſario à coſſario, no ſe pierden ſino los barriles. De corſaire à corſaire, il ne ſe perd que les barils.

De ruyn paño, nunca buen ſayo. De mauuais drap, ne ſe fait iamais bon ſaye.

Del viejo el conſejo. Du vieillard le conſeil.

De rabo de puerco nunca buen virote.

De queuë de pourceau ne se fait iamais bon trait ou vireton.

De noche los gatos todos son pardos. De nuict tous chats sont gris.

De do sacan y no pon, presto llegan al hondon. D'où l'on tire & ne met rien, bien tost l'on arriue au fond.

Desque vestidos nos vimos, no nos conocimos. Dés que nous nous veismes vestus, nous ne nous cognensmes plus.

Del soldado que no tiene capa, guarda tu vaca. Du soldat qui n'a point de cape, garde ta vache.

Despues de muerto ni viña ni huerto. Apres qu'on est mort, il ne faut plus ny vigne ny iardin.

De los olores el pan y de los sabores la sal. Des odeurs le pain, & des saueurs le sel.

Debaxo de mala capa, suele auer buen biuidor. Sous vne meschante cape il y a quelquefois vn homme de bien. Suele signifie, a de coustume.

Dios delante el mar es llano. Dieu deuant la mer est pleine, c'est à dire paisible & calme.

De corral ageno nunca buen cordero. De la court d'autruy, iamais bon aigneau.

De la mano a la boca se pierde la sopa. De la main iusques à la bouche, se perd la soupe. Le Fr. Entre la bouche & la cueillier, souuent aduient grand destourbier.

Del monte sale con que se arde. Il sort de la montagne dequoy elle se brusle.

Debaxo del buen sayo está el hombre

malo. *Soubs le bon saye, est le meschant homme.*

De gallinas y hadas malas, presto se hinchen las casas. *De poules & mauuaises destinées, bien tost s'emplissent les maisons.* Le Fr. *De poules & de pauureté, on en est bien tost engé.*

De padre santo hijo diablo. *D'un pere sainct, vn enfant diable.*

De moço reçongador nunca buena labor. *De garçon grommeleur, iamais bon labeur.*

De mi digan y a mi pidan. *Qu'on dise de moy, & que l'on me demande du mien.*

De gran coraçon el sufrir, y de gran seso el oyr. *C'est d'vn grand cœur le souffrir, & d'vn grand sens l'ouyr.*

Del Toledano guarte del tarde o temprano. *Du Toledan, gardes toy tard ou tost.*

Despues que la casa esta hecha, la dexa. *Apres que la maison est faite, laisses la.*

Del traydor haras leal, con bien hablar. *Du traistre tu feras vn loyal, auec vn beau parler.*

De juyzios no me curo, que mis obras me hazen securo. *De iugemens ie ne me soucie, car mes œuures me rendent asseuré.*

De cornada de ansaron, guarde Dios mi coraçon. *D'vn coup de corne d'oison, Dieu garde mon cœur.*

De quien pone los ojos enel suelo, no fies tu dinero. *A celuy qui regarde en terre, ne luy fies pas ton argent. i. ne luy baille pas ta bourse à garder.*

De quien se duerme su hazienda lo siente. *Celuy qui dort bien tard, son bien le sent.*

De hombre que no habla, y de can que

no ladra. D'vn homme qui ne parle, & d'vn chien qui n'abbaye, sub.gardes toy.

De espacio piensa y obra apriessa. Pense à loisir, & trauaille promptement.

Deue algo para Pasqua y hazer se te ha corta la Quaresma. Fais vne debte à payer à Pasques, & tu trouueras le Caresme court.

Desque naci llore, y cada dia nace porque. Dés que ie nasquis ie pleuray, & chasque iour naist le pourquoy.

De gran subida gran cayda, por su mal nacen alas a la hormiga. De grande montée grande cheute, pour son mal naissent des ailes à la fourmi.

De la nieue ni cozida ni majada, no sacaras sino agua. De la neige ou cuite ou pilée, tu n'en tireras que de l'eau.

Deudas tienes y hazes mas, si no mentiste mentiras. Tu as des debtes, & tu en fais encor d'auantage, si tu n'as menty tu mentiras.

De persona callada, arriedra tu morada. D'vn qui ne dit mot, esloignes ta demeure.

De noche a la vela, la burra parece donzella. De nuict à la chandelle, l'asnesse semble damoiselle: donzella, c'est vne fille à marier.

De buenas intenciones està el infierno lleno. De bonnes intentions l'enfer est plein.

De vn solo golpe no se derriba vn roble. D'vn seul coup ne s'abbat vn chesne.

De la mala muger te guarda, y de la buena no fies nada. De la mauuaise femme gardes toy bien, & ne te fies de rien en la bonne.

De liña viene la tiña. De ligne viét la tigne.

Refranes.   Prouerbes.   45

De casta le viene al galgo de tener el rabo largo. *De race vient au leurier d'auoir la queuë longue.*

De los escarmentados se hazen los arteros. *Des experimentez se font les bons ouuriers.*

Dixo la sarten a la caldera, tirte alla cul negra. *La poile dit au chauderon, Recules toy de là cul noir. Le Fr. dit: La paesle se moque du fourgon.*

Digole vn duelo y dizeme ciento. *Ie luy dis vn mal, & il m'en dit cent.*

Dineros en manga, tanto vino como agua. *Deniers en la manche, autant de vin que d'eau.*

Dios no come ni beue, mas juzga lo que vee. *Dieu ne mange ny ne boit, mais il iuge ce qu'il voit.*

Dios te guarde de piedra, y de dardo, y de hombre denodado. *Dieu te garde de pierre & de dard, & d'vn homme determiné.*

Dios te de salud y gozo, casa con corral y pozo. *Dieu te donne santé & ioye, maison auec court & puy.*

Dios proueera mas buen haz de paja se querra. *Dieu y pouruoira, mais il faudra vne bonne botte de paille. Le Fr. Ay de toy, Dieu t'aydera.*

Dios consiente mas no siempre. *Dieu consent, mais non pas tousiours.*

Dios paga a quien en malos passos anda. *Dieu paye celuy qui chemine en mauuaise voye.*

Dios no se quexa, mas lo suyo no lo dexa. Dieu ne se plaint point, mais il ne laisse pas ce qui est à luy.

Dios es que sana, y el medico lleua la plata. Dieu est celuy qui guerit, & le medecin en remporte l'argent.

Dixo la leche al vino, bien seas venido amigo. Le laict dit au vin, tu sois le bien venu amy. Voyez le prouerbe François cy dissoubs, La leche.

Dixolo al loco, mas no a sordo. Il l'a dit au fol, mais non pas au sourd.

Dizen mas mal del que Mahoma del tocino. On dit plus de mal de luy, que Mahon ne fait du lard.

Dime con quien iras, dezir te he lo que haras. Dis moy auec qui tu iras, & ie te diray ce que tu feras.

Dile que es hermosa, y tornarse ha loca. Dis luy qu'elle est belle, & elle deuiendra folle.

Di a tu amigo tu secreto, y tener te ha el pié en el pescuezo. Dis ton secret à ton amy, & il te tiendra le pied sur la gorge. Pescuezo signifie le chaignon du col.

Di mentira y sacaras verdad. Dis vne mensonge, & tu tireras la verité.

Dizen las viejas, no te vistas de pellejas. Les vieilles disent, ne te vest pas de peaux, c'est à dire de pelisses.

Discipulo con cuydado, y el maestro bien pagado. Disciple soigneux, & le maistre bien payé.

Dios me de contienda, con quien me entienda. Dieu me donne debat auec vn qui m'entende, c'est à dire auec vn homme de raison.

Refranes. Prouerbes. 47

Donde ay hijos, ni parientes ni amigos. *Où il y a des enfans, n'y a plus parens ny amis.*

Do tu padre fue con tinta, no vayas tu con quilma. *Là où ton pere a esté auec de l'encre, n'y vas pas auec vn sac. i. ce que ton pere a vendu, ne le penses pas recouurer en plaidant.*

Do fuerça viene derecho se pierde. *Où la force vient, le droict se perd.* Le Fr. *Où force regne, droict n'a lieu.*

Donde la fuerça oprime la ley se quiebra. *Où la force oppresse, la loy se rompt.*

Donde perdiste la capa, ay la cata. *Où tu as perdu ta cape cherches la.*

Doblada es la maldad, que es so zelo de amistad. *La malice est double, qui est soubs zele d'amitié.*

Do no ay vergüeça, no ay virtud buena. *Où il n'y a point de hôte, il n'y a aucune bonne vertu.*

Dos adeuinos ay en segura, el vno esperiencia y el otro cordura. *Il y a deux deuins asseurez, l'vn est l'experience, & l'autre la prudéce.*

Dos que se conocen, de lexos se saludan. *Deux qui se cognoissent, de loing se saluent.*

Don çaherido no es agradecido. *Don reproché n'est point remercié, ou, n'est point agreé.*

Do va mas hondo el rio, haze menor ruydo. *Où le fleuue est plus profond, il fait moins de bruit.*

Do el marauedi se dexa hallar, otros deues alli buscar. *Où le marauedi se laisse trouuer, il t'y en faut d'autre chercher. Marauedi est vne monnoye qui vaut vn peu moins qu'vn double.*

Dos vezes olla amargara el caldo.

Deux fois la marmite, le boüillon te sera amer.

Donde no ay honor, no ay dolor. *Où il n'y a point d'honneur, il n'y a point de douleur.*

Do entra beuer sale saber. *Où entre le boire sort le sçauoir. i. le vin fait perdre le iugement.*

Donde fuego se haze humo sale. *Où l'on fait du feu, il en sort de la fumée.*

Dos gallinas y vn gallo, comen tanto como vn cauallo. *Deux poules & vn coq, mangent autant qu'vn cheual.*

Do pensays que ay tocinos, no ay estacas. *Où vous pensez qu'il y ait du lard, il n'y a pas des cheuilles.*

Dueños dan y sieruos lloran. *Les maistres donnent & les valets pleurent. Le Fr. Ce que maistre donne & valet pleure, ce sont larmes perduës.*

Duerme à quien duele, y no duerme quien algo deue. *Celuy dort qui a douleur, & celuy qui doit ne peut dormir.*

Duro es dexar lo vsado, y mudar de costumbre es a par de muerte. *C'est chose dure de laisser ce qu'on a accoustumé, & changer de coustume est à l'esgal de la mort.*

E

El dar limosna, nunca mengua la bolsa. *Donner l'aumosne, iamais ne diminuë la bourse. Le Fr. Donner pour Dieu, n'appauurit l'homme.*

El mentir no tiene alcauala. *Le mentir ne paye point de gabelle.*

El mal que no tiene cura es locura. *Le mal qui n'a point de guerison c'est la folie.*

El mucho

Refranes.   Prouerbes.   49

El mucho hablar nueze, y el mucho rascar cueze. *Trop parler nuit, & trop grater cuit.*

Echate en tu cama y piensa en lo de tu casa. *Couches toy en ton lict, & penses en ce qui est de ta maison. i. de ton mesnage.*

El vientre ayuno no oye a ninguno. *Le ventre qui est à ieun, n'escoute personne.*

El que algo deue no reposa como quiere. *Celuy qui doit quelque chose ne repose pas cōme il veut.*

El alguazil y el sol por do quiera son. *Le sergent & le Soleil sont partout.*

El oficial tiene oficio y al. *L'artisan a vn mestier, & quelque chose auecques.*

El perezoso siempre es menesteroso. *Le paresseux est tousiours necessiteux.*

El amargo gasta doblado. *Le chiche despend au double. Amargo signifie amer.*

El auariento rico, ni tiene pariente ni amigo. *Le riche auaricieux n'a parent ny amy.*

El que no duda, no sabe cosa alguna. *Celuy qui ne doute, ne sçait aucune chose.*

El amor a ninguno da honor, y a todos dolor. *L'amour ne fait honneur à personne, & fait douleur à tous.*

El buen soldado, sacalo del arado. *Le bon soldat, tire-le de la charruë.*

El hombre bueno no sube en lecho ageno. *L'homme de bien ne mōte sur la couche d'autruy.*

El desseo haze hermoso lo feo. *Le desir rend beau ce qui est laid.*

El mejor lance de los dados, es no ju-

C

gallos. *Le meilleur coup des dez, c'est de n'en point iouer.*

El marido antes con vn ojo, que con vn hijo. *Le mary plustost auec vn œil, qu'auec vn enfant: c'est à dire prens le.*

El que tarda recauda. *Celuy qui tarde fait ses affaires.* Recaudar *signifie, recouurer.*

El bouo si es callado, por sesudo es reputado. *Le lourdaut s'il est secret est reputé homme discret.* Callado *signifie vn qui parle peu.*

El moço durmiendo sana, y el viejo se acaba. *Le ieune en dormant guerit, & le vieil se finit.*

El campo fertil no descansando, torna se esteril. *Le champ fertile ne reposant deuiet sterile.*

El poco hablar es oro y el mucho es lodo. *Le peu parler est or, & le trop est boüe.*

El herrero y su dinero todo es negro. *Le forgeron & son denier tout est noir.*

El que ha ouejas, ha pellejas. *Celuy qui a des brebis, a des peaux.*

El que ley establece guardar la deue. *Celuy qui establit la loy garder la doit.*

El mal entra à braçadas, y sale à pulgaradas. *Le mal entre à brassées, & sort à poulcées. Le Fr. Les maladies viennent à cheual, & s'en retournent à pied.*

El harto del ayuno no tiene cuydado ninguno. *Celuy qui est saoul n'a soin aucun de celuy qui est à ieun.*

El huesped y el pece, à tres dias hiede. *L'hoste & le poisson, passé trois iours, puent.*

El melon y el queso, tomalo à peso. *Le me-*

Refranes. *Prouerbes.*

lon *&* le fromage, prens-le au poids.

El que tiene tejados de vidro no tire piedras al de su vezino. *Celuy qui a son toict de verre, qu'il ne iette point de pierres sur celuy de son voisin.*

El que esta enel lodo querria meter à otro. *Celuy qui est en la fange y voudroit mettre vn autre.*

El pelo muda la raposa, mas el natural no despoja. *Le renard change de poil, mais il ne despoüille point son naturel.*

El asno al diablo tiene so el rabo. *L'asne a le diable soubs la queuë.*

El hombre es el fuego, la muger la estopa, viene el diablo y sopla. *L'homme est le feu, & la femme est l'estoupe, le diable vient qui souffle.*

El hombre necessitado, cada año apedreado. *L'homme necessiteux tous les ans est lapidé.*

El lobo do mane daño no haze. *Le loup où il demeure, ne fait point de dommage.*

El lobo pierde los dientes, mas no las mientes. *Le loup perd les dents, mais non pas la memoire.*

El vino que tarde hierue, hasta otro se detiene. *Le vin qui boult tard, se garde iusques à l'autre.*

El dar es honor, y el pedir dolor. *Donner c'est honneur, & demander douleur.*

El queso pesado y el pan liuiano. *Le fromage pesant, & le pain leger.*

El perro viejo si ladra da consejo. *Si le*

C ij

vieil chien abbaye, il donne conseil.

El vino anda sin calças. In vino veritas. *Le vin va sans chausses. Vn homme yure ne cele rien.*

El mas ruin puerco come la mejor bellota. *Le plus chetif pourceau mãge le meilleur glád. Le Fr. A vn bon chien n'eschet point vn bon os.*

El hombre ande con tiento y la muger no la toque el viento. *Que l'homme aille auec iugement, & la femme ne la touche le vent.*

El lobo y la vulpeja ambos son de vna conseja. *Le loup & le renard sont tous deux d'vne fable.*

El lobo haze entre semana por donde no va el Domingo à Missa. *Le loup durant la sepmaine fait en sorte qu'il ne va point le Dimãche à la Messe.*

El moço por no saber y el viejo por no poder dexan las cosas perder. *Le ieune pour ne sçauoir, & le vieil pour ne pouuoir, laissent les choses perdre. Le Fr. Si ieunesse sçauoit, & vieillesse pouuoit, iamais pauureté n'auroit.*

El viejo por no poder y el moço por no saber quedase la moça sin lo que puedes entender. *Le vieil pour ne pouuoir & le ieune pour ne sçauoir, la fille demeure sans ce que tu m'ẽtends bien.*

El buey brauo, en tierra agena se haze manso. *Le bœuf farouche en terre estrange deuient doux & traitable.*

El malo siempre piensa engaño. *Le meschant tousiours pense tromperie.*

El perdon sobra donde el yerro falta. *Le*

Refranes.   Prouerbes.   53

pardon est superflu où il n'y a point de faute.

El loco por la pena es cuerdo. *Le fol par la peine est rendu sage.*

El viejo en su tierra y el moço en la agena mienten de vna manera. *Le vieillard en son pays, & le ieune homme en terre estrangere, mentent tous deux d'vne maniere.*

El caudal de tu enemigo, en dinero lo veas. *La denrée de ton ennemy, en deniers tu la puisses veoir. Caudal signifie le fonds & principal de la marchandise.*

El que no tiene dinero, venda vna vaca al carnicero. *Celuy qui n'a point d'argët, qu'il vende sa vache au boucher.*

El corcobado no vee su corcoba, y vee la de su compañon. *Le bossu ne voit pas sa bosse, & voit celle de son compagnon.*

El buen pagador, heredero es de lo ageno. *Le bon payeur est heritier de l'autruy.*

El que adelante no mira atras se halla. *Celuy qui ne regarde deuant soy se trouue en arriere.*

El ruin mientras mas le ruegan, mas se estiende. *Le meschant tant plus on le prie, plus il s'estend.*

El moço y el gallo vn año. *Le garçon & le coq vn an, c'est à dire, sont bons vn an durant.*

El ayrado y el reçongon, pedernal y eslauon. *Le coleré & le grommeleur, sont la pierre & le fusil.*

El mal año entra nadando. *Le mal an entre en nageant. i. par pluye,*

El oficial que no miente, salga se de en-

C iij

tre la gente. *L'artisan qui ne ment, sorte d'entre les gens: c'est à dire, qu'il ne s'en trouue point qui ne soit menteur.*

El Abad y el gorrion, dos malas aues son. *L'Abbé & le moineau, sont deux mauuais oiseaux.*

El hijo de la puta, à su madre saca de duda. *Le fils de la putain oste sa mere de doute.*

El moço y el amigo, ni pobre ni rico. *Le garçon & l'amy, ny pauure ny riche.*

El buen hombre goza el hurto. *L'homme de bien iouit du larcin.*

El malo al bueno enoja, que al malo no osa. *Le meschant moleste le bon: ce qu'il n'ose pas faire à vn autre meschant.*

El hijo sabe, que conoce à su padre. Sabe. i. Sabio es. *L'enfant est sage qui son pere cognoist.*

El que pone al juego sus dineros, no ha de hazer cuenta dellos. *Celuy qui met ses deniers au ieu, ne doit pas faire estat d'iceux.*

El que primero se leuanta, primero se calça. *Qui premier se leue, premier se chausse.*

El perro lanudo muere de hambre, y no lo vee ninguno. *Le chien barbet meurt de faim, & si personne ne le voit.*

El agua de Henero, hasta la hoz tiene tēpero. *Eau de Ianuier, iusques à la faucille tient la saison pluuieuse.*

El can con rauia, de su dueño traua. *Le chiē qui est enragé, empoigne son maistre mesme.*

El queso es sano que da el auaro. *Le fromage est bien sain que donne auare main.*

Caseus est bonus, quem dat auara manus.

El ojo del amo engorda el cauallo. L'œil du maistre engraisse le cheual.

El huego y el amor, no dizen ve te à tu labor. Le feu & l'amour ne disent point, Va-t'en à ta besongne.

El amor de los asnos entra à coces y à bocados. L'amour des asnes commence par ruades, & morsures: Les amours de village se font à coups de poings.

El amor verdadero no sufre cosa encubierta. Le vray amour ne souffre rien de caché.

El amenazador haze perder el lugar de vengança. Le menaceur fait perdre l'occasion de la vengeance.

El mal del ojo, curarle con el codo. Le mal de l'œil, il le faut penser du coulde. i. il n'y faut point toucher.

El salto de la rana de lo seco en el agua. Le sault de la grenouille, du sec en l'eau.

El agujero llama al ladron. Occasio facit furē. Le trou appelle le larron: l'occasiō fait le larron.

El bien o el mal à la cara sal. Le bien ou le mal sort au visage. i. paroist au visage.

El seruicio del niño es poco, mas el que lo dexa es loco. Le seruice du petit enfant est petit, mais celuy qui le neglige est fol.

El mejor pienso del cauallo, es el ojo de su amo. Le meilleur pensement ou ordinaire du cheual, c'est l'œil de son maistre.

El buen paño, en el arca se vende. Le bon drap se vend au coffre.

El amor de Dios vence, todo lo al perece.

C iiii

L'amour de Dieu vainc, tout ce qui a estre perit.

El cuerdo no ata el saber al estaca. *Le sage n'attache son sçauoir à la cheuille.*

El hidalgo y el galgo, y el talegon de la sal, cabe el fuego lo buscad. *Le gentil-homme & le leurier & le sac au sel, cherche-les aupres du feu.*

El pito pierdese por su pico. *Le piuerd se perd par son bec.*

El conejo y el villano, à la mano. sub. desgarrado. *Le lapin & le vilain, à la main. sup. deschiré.*

El hijo borde y la mula, cada dia hazen vna. *Le bastard & la mule, tous les iours en font vne.*

El vsar saca oficial. *L'accoustumance fait l'ouurier.* Fabricando fabri fiunt.

El vino que es bueno no ha menester pregonero. *Le vin qui est bon n'a que faire de crieur. Au bon vin ne faut point de bouchon.*

El que lleua la renta, que adobe la venta. *Celuy qui reçoit la rente, qu'il accoustre la tauerne.*

El estiercol no es santo, mas do cae haze milagro. *Le fient n'est pas sainct, mais où il tombe il fait miracle.*

El Abad de Bamba, lo que no puede comer da lo por su alma. *L'Abbé de Bambe ce qu'il ne peut manger il le donne pour son ame.*

El mal tiene conorte, y el bien no ay quiẽ le soporte. *Le mal a du confort, & le bien il n'y a personne qui le puisse supporter.*

El trigo de hazera echalo en tu panera.

Refranes.   Prouerbes.   57

Le bled qui croist pres du village mets le en ton grenier. Hazera c'est la terre qui est la plus proche du village.

El hombre anciano, hiere con el pie y señala con la mano. L'homme ancien frappe du pied, & fait signe de la main. i. menace de la main.

El que labra crie, y el que guarda no fie. Celuy qui laboure, nourrisse, & celuy qui garde ne se fie, ou ne baille à credit.

El temor es vn mortal dolor al sentido. La crainte est vne mortelle douleur au sens.

El que ha de dar cuenta de si y de otros, es menester que conosca à si y à los otros. Celuy qui doit rendre compte de soy & d'autres, il faut qu'il cognoisse soy-mesme et les autres.

El hijo de tu vezina, quitale el moco, y casalo con tu hija. Le fils de ta voisine, ostes luy le morueau, & le maries auec ta fille.

El cuerdo viene por lumbre, y el necio se lo purre. Le sage vient querir du feu, & le fol luy en baille. Purre veut dire da, & vient de porrigere.

El amor y la fee en las obras se vee. L'amour & la foy en œuures l'on les voit.

El que come las duras, comera las maduras. Celuy qui mange les dures, mangera les meures.

El buen aparejo haze el buen artifice. Le bon appareil fait le bon ouurier.

El tiempo es maestro en todas las artes. Le temps est le maistre en tous les arts.

En cada tierra su vso. En chasque ville sa

C v

coustume. Le Fr. Tant de villes tant de guises. Aucuns adioustent, Tant de femmes mal apprises.

El cuytado del marauedi haze cornado, y el liberal del marauedi real. Le chetif & auare fait d'vn double vn denier, & le liberal fait d'vn double vne reale.

El hauo es dulce, mas pica el abeja. Le bournal est doux, mais l'abeille pique. Hauo se dit autremēt panal, qui est vn rayon ou gauffre de miel.

El peso y la medida, sacan al hombre de porfia. Le poids & la mesure ostēt l'hōme de debat.

El hijo harto y rompido, la hija hambriēta y vestida. Le fils saoul & deschiré, la fille affamée & vestuë.

El rio passado el santo oluidado. Le fleuue passé, le Sainct oublié.

El mal que de tu boca sale, en tu seno se cae. Le mal qui sort de ta bouche, tōbe en ton sein.

El dinero haze lo malo bueno. L'argent fait bon le meschant.

El moço perezoso, por no dar vn passo da ocho. Le garçon paresseux, pour ne faire vn pas en fait huict.

En burlas ni en veras con tu señor no partas peras. Par ieu ny tout à bon, ne departs poires auec ton seigneur. i. n'ayes riē à demesler auec luy.

En burlas y en veras, el relox sea sin pesas. En ieu & à escient l'horologe soit sans poids. L'intelligence de ce prouerbe est en ce mot pesas, où il y a allusion à pesar, qui signifie ennuy ou fascherie.

En cama de tierra las costillas quebradas, el priapo sano. En lict de terre les costes rō-

Refranes. Prouerbes.

puës, & le membre droict.

En año bueno el grano es heno, en año malo la paja es grano. *En bône année le grain est du foin, & en mauuaise la paille est grain. i. vaut autant que le grain.*

Echar el mango tras el destral. *Ietter le manche apres la coignée.*

Echar la soga tras el calderõ. *Ietter la corde apres le chauderon.*

Entiende primero y habla postrero. *Entends premierement, & parles apres.*

En contienda ponte rienda. *En debat mets toy vn frein.*

Entre hermanos no metas tus manos. *Entre freres n'y mets tes mains.*

En cada sendero, ay su atolladero. *En chasque sentier il y a son bourbier.*

En consejas las paredes han orejas. *Es consultations les parois ont des oreilles.*

En hora mala nasce quien mala fama cobra. *A la male heure naist, qui mauuaise renommée acquiert.*

En este mundo mesquino, quando ay parà pan no ay para vino. *En ce monde chetif quand il y a pour auoir du pain, il n'y a dequoy auoir du vin.*

Embia al sabio à la embaxada, y no le digas nada. *Enuoyes le sage à l'ambassade, & ne luy dis rien.*

En casa llena presto se guisa la cena. *En maison pleine, le souper y est bien tost prest.*

Entre col y col lechuga. *Entre chou & chou vne laictuë.*

C vi

Entre dos verdes vna madura. *Entre deux vertes vne meure.*

En la frente y en los ojos, se lee la letra del coraçon. *Au front & aux yeux se lit la lettre du cœur.*

Embidia del biuo, de los muertos oluido. *Enuie du viuant, c'est l'oubliance des morts.*

Entre Abril y Mayo haz harina para todo el año. *Entre Auril & May, fais de la farine pour toute l'année.*

Enel almoneda, ten la boca queda. *En vn encant tiens ta bouche coye. i. ne te hastes pas de mettre à l'enchere.*

Enel tiempo elado, el clauo vale el cauallo. *Au temps de gelée le cloud vaut le cheual.*

En boca cerrada no entra mosca. *En bouche close n'entre point de mousche.*

En la vida no me quisiste, en la muerte me plañiste. *En la vie tu ne m'as point aimé, en la mort tu m'as pleuré.*

En buen dia buenas obras. *Aux bons iours on fait les bonnes œuures.*

En verano cada rana laua su paño. *En Esté chasque grenoüille laue son drap.*

Enel mejor paño ay mayor engaño. *Au meilleur drap il y a plus grande tromperie.*

En vna hora no se gano çamora. *En vne heure ne fut pas gaignée çamore: c'est vne ville d'Espagne.* Le Fr. *Rome ne fut pas faite en vn iour.*

En linages luengos alcaldes y pregoneros. *En grands lignages il y a des Preuosts &*

Refranes.   Prouerbes.   61

des crieurs. i. des grands & des petits.

En casa de muger rica, ella manda siempre y el nunca. *En la maison de la femme riche, elle commande tousiours & luy iamais.*

En la casa del mesquino manda mas la muger que el marido. *En la maison du malheureux, la femme commande plus que le mary.*

En casa del alboguero, todos son albogueros. *En la maisō du fleuteur, tou⁹ sont ioüeurs de fleute.*

En casa del tañedor, cada qual es dançador. *En la maison du menestrier, chascun est danseur.*

En tiempo y lugar el perder es ganar. *En temps & lieu le perdre c'est gaigner.*

En labrar y hazer fuego se parece el que es discreto. *A ouurer & faire du feu il se monstre qui est discret.*

En Mayo frio ensancha tu silo. *En May froid eslargis ton grenier.*

En Deziembre leña y duerme. *En Décēbre du bois, & dors toy.*

En Deziembre siete galgos à vna liebre. *En Decembre sept leuriers apres vn lieure.*

En rio quedo no metas tu dedo. *En riuiere coye n'y mets pas ton doigt.*

En tu casa no tienes sardina, y en la agena pides gallina. *En ta maison tu n'as pas vne sardine, & en celle d'autruy tu demandes vne geline. Sardina est vn petit poisson qui ressemble au haranc, enuiron de la sorte d'vn esperlan, vn peu plus large & plus court.*

El que todo lo quiere vengar presto

quiere acabar. *Celuy qui veut tout venger, veut bien tost s'acheuer.* Le Fr. *Endurer faut pour durer. Qui endure n'est pas vaincu.*

Echa te à enfermar y sabras quiẽ te quiere bien y quien te quiere mal. *Couches toy & sois malade, et tu sçauras qui te veut bien, et qui te veut du mal.*

Escape del trueno y di enel relampago. *Ie suis eschappé du tonnerre, & i'ay donné dans le foudre.* Relampago *signifie l'esclair.* R'entrer de fiebure en chaud mal.

Este te hizo rico que te hizo el pico. *Celuy-là te fit riche qui te fit le bec.*

En achaque de trama vistes aca nuestra ama? *Sur vn subiect trouué, auez-vous point veu par icy nostre maistresse?* D'autres disent, esta aca nuestra ama? *nostre maistresse est-elle icy?*

En arca abierta el justo peca. *En coffre ouuert, le iuste péche.* Occasio facit furem.

En la boca del discreto lo publico es secreto. *En la bouche du discret le public y est secret.*

Esse es mi amigo, el que muele en mi molinillo. *Celuy-là est mon amy, qui vient moudre à mon moulin.*

Escuchas al agujero, oyras de tu mal y del ageno. *Si tu escoutes au trou, tu entendras de ton mal et de l'autruy.*

Escriue antes que des, y recibe antes que escriuas. *Escris deuant que tu donnes, et reçoy deuant que tu escriues.*

F

Falso por natura, cabello negro, la barua ruuia. *Faux de nature, les cheueux noirs, la barbe rouſſe. Le Fr. Barbe rouſſe & noirs cheueux, c'eſt le plus meſchant des deux.*

Frayle ni Iudio, nunca buen amigo. *Moine ny Iuif, iamais n'eſt bon amy.*

Fuyme à Palacio, fui beſtia y vine aſno. *I'ay eſté à la Court, i'y ſuis allé beſte, & i'en ſuis reuenu aſne.*

Frayle que ſu regla guarda, toma de todos y no da nada. *Moine qui garde ſa regle, prend de tous & ne donne rien.*

Frayle que pide por Dios, pide para dós. *Moine qui demande pour Dieu, demande pour deux.*

Frio de Abril à las peñas vaya à herir. *Froid du mois d'Auril, aux rochers s'en aille ferir.*

G

Gato eſcaldado del agua fria ha miedo. *Chat eſchaudé craint l'eau froide.*

Gloria vana, florece y no grana. *La gloire vaine fleurit, & ne porte graine.*

Gota à gota la mar ſe apoca. *Goute à goute la mer ſe diminuë.*

Grano no hinche harnero, mas ayuda à ſu compañero. *Vn grain n'emplit pas le trible, mais il ayde à ſon compagnon.*

Grano à grano, allega para tu año. *Grain à grain amasse pour ton année.*

Grano à grano hinche la gallina el papo. *Grain à grain, la poule emplit son jabot.*

Gran victoria es la que sin sangre se toma. *Grande victoire est celle qui se gaigne sans respandre du sang.*

Gran calma es señal de agua. *Grand calme est signe d'eau.*

Guay de la muerte que no toma presente. *Ha miserable mort qui ne reçoit point de present.*

Guarda moço y hallaras viejo. *Espargnes en ieunesse, & tu trouveras dequoy en ta vieillesse.*

Guarda escaso tu dinero, lazera tu, pompeara tu heredero. *Espargnes chiche ton argent, sois miserable, & ton heritier piaffera.*

Guarda prado y hartaras ganado. *Gardes ton pré & tu saouleras ton troupeau.*

Gran sabor es, comer y no escotar. *C'est vn grand goust de disner & ne rien payer.*

Gran tocado y chicho recaudo. *Grande coiffure & petit dequoy.* Le Fr. *Tout estat & rien au plat.*

Guerra caça y amores por vn plazer mil dolores. *En guerre, en chasse & en amours pour vn plaisir mille douleurs.*

H

Habla de lisonjero, siempre es vana y sin prouecho. *Parler de flateur est tousiours vain*

Refranes.   Prouerbes.   65
& sans profit.

Habla poco y bien, tener te han por alguien. *Parles peu & bien, & l'on te tiendra pour quelqu'vn. i. tu seras estimé.*

Hablar sin pensar es tirar sin encarar. *Parler sans penser c'est tirer sans prendre visée.*

Haz lo que te manda tu señor, y sentar te has con el al sol. *Fais ce que ton seigneur te commandera, & tu t'asseoiras auec luy au Soleil.*

Has bien y no cates à quien. *Fais bien, & ne regardes pas à qui.*

Harto ayuna quien mal come. *Assez ieusne qui a mal à manger.*

Harto pide quien bien sirue. *Assez demande qui bien sert.*

Hazes mal espera otro tal. *Si tu fais mal, attends tout le semblable.*

Haz la puerta al Solano y biuiras sano. *Fais la porte au Leuant, & tu viuras bien sain. Solano c'est le vent d'Orient.*

Haz lo que bien digo, y no lo que mal hago. *Fais le bien que ie dis, & non pas le mal que ie fais.*

Hasta la hormiga quiere compañia. *Iusques à la fourmy veut auoir compagnie.*

Hambre y frio entregan el hombre à su enemigo. *Faim & froid liurent l'homme à son ennemy.*

Hazed fiestas à la gata, y saltar os ha à la cara. *Faites feste au chat, & il vous sautera au visage.*

Hablando y andando marido à la horca. *Parlant & allant, mary du gibet.*

Hazienda en dos aldeas pan en dos talegas. *Du bien en deux villages, c'est du pain en deux bissacs.*

Haze os miel, y comer os han moscas. *Faites vous miel & les mousches vous mangeront. Le Fr Qui se fait brebis le loup le mange.*

Haz barato y venderas por quatro. *Fais bon marché, & tu vendras autant que quatre.*

Haz la noche noche, y el dia dia, biuiras con alegria. *Fais de la nuict la nuict, & du iour le iour, & tu viuras ioyeusement.*

Harina abalada, no te la vea suegra ni cuñada. *Farine molle & enflée, ne te la voye belle-mere ny belle-sœur. Abalada harina, c'est la fleur de farine bien deliée & bien sassée.*

Hermano medios con vuestro palmo. *Frere mesurez vous auec vostre empan.*

Hecho de villano, tirar la piedra y escoder la mano. *Faict de vilain, jetter la pierre & cacher la main.*

Hermosa es por cierto, la que es buena de su cuerpo. *Celle-là est belle pour certain, qui est femme de bien de son corps.*

Harto es ciego quien no vee por tela de cedaço. *Assez est aueugle celuy qui ne void à trauers la toile d'vn sas.*

Ha el diablo parte quando el rabo va delante. *Le diable y a part quand la queuë va deuant.*

Hebrero haze dia, y luego santa Maria. *Feurier fait iour, & soudain sainte Marie. Le Fr. Auiourd'huy Feurier, demain chandelier.*

Hebrero corto con sus dias veynte y

ocho, quien bien los ha de contar treynta le ha de echar. *Feurier le court auec ses iours vingt-&-huict: & qui bien les veut conter, trente luy en doit donner. Le Fr. Feurier le court le pire de tous.*

Heredad blanca, simiente negra, cinco bueyes à vna reja. *Champ blanc, semence noire, cinq bœufs à vne charruë,* reja *signifie le soc de la charruë, qui est vne partie pour le tout. Ce prouerbe est enigmatique, parce qu'il y faut adiouster ces quatre mots pour l'entendre, à sçauoir,* Papel, Tinta, Cinco dedos, & Pendola, *qui signifient papier, encre, cinq doigts & la plume.*

Hebrero el curto, que mato à su hermano à hurto. *Feurier le court, qui tua son frere à la desrobée.*

Heredad por heredad, vna hija en la vieja edad. *Heritage pour heritage, vne fille en ton vieil âge.*

Hija desposada, hija enagenada. *Fille fiancée, fille alienée.*

Hijo tardano, huerfano temprano. *Enfant qui vient sur le tard, est orphelin de bonne heure.*

Hijos de tus bragas, y bueyes de tus vacas. *Enfans de tes brayes, & des bœufs de tes vaches.*

Hijo ageno, metele por la manga salir se te ha por el seno. *L'enfant d'autruy mets-le par la manche, & il te sortira par le sein.*

Hijo eres, padre seras, qual hizieres tal auras. *Tu es fils, pere tu seras, comme tu feras tu auras.*

Hijo malo mas vale doliente que sano.

68　Refranes.　Prouerbes.
L'enfant mauuais mieux vaut malade que sain.

Hijos y criados no los has de regalar si los quieres gozar. *Les enfans & seruiteurs, il ne te les faut mignarder si tu en veux iouïr.*

Hija Gomes, si bien te lo guisas bien te lo comes. *Ma fille Gomes si tu l'accoustres bien, tu le manges bien.*

Hilo y aguja, media vestidura. *Fil & aiguille demie vesture.*

Honrra sin prouecho anillo en el dedo. *Honneur sans profit, c'est vn anneau au doigt.*

Honrra y prouecho no caben en vn saco. *Honneur & profit ne peuuent en vn sac.*

Hombre palabrimuger guardeme Dios del. *Dieu me vueille garder d'vn home qui parle comme vne femme, ou qui a la voix de femme.*

Hombre que sufre cuernos sufrira los dientes menos. *L'homme qui souffre des cornes, souffrira qu'on luy arrache les dents.*

Hombre apercebido medio combatido. *Homme equippé ou preparé a combatu ou vaincu à demy.*

Hombre roxo y hembra barbuda, de lexos los saluda. *Homme roux & femme barbuë, de loing les saluë.* Le Fr.

　　Homme roux & femme barbuë
　　Que de quatre lieuës les saluë
　　Auec quatre pierres en ta main
　　Pour t'en seruir s'il est besoin.

Hombre narigudo, pocas vezes cornudo. *Homme qui a grand nez n'est pas souuent coquu.*

Hombre sin abrigo paxaro sin nido. *Ho-*

me sans abry, c'est vn oiseau sans nid.

Hombre que madruga de algo tiene cura. Homme qui se leue du matin, de quelque chose a soin.

Hombre proueydo no biuira mesquino. Homme preuoyant ne sera miserable.

Hombre señalado o muy bueno o muy malo. Homme signalé ou fort homme de bien, ou fort meschant.

Hombre holgazan en el trabajar se lo veran. Homme fait-neant, au trauail on le cognoistra.

Honrra es de los amos, lo que se haze à los criados. C'est honneur aux maistres, ce que l'on fait aux seruiteurs.

Huespeda hermosa, mal para la bolsa. Belle hostesse c'est vn mal pour la bourse.

Huesped tardio no viene man vazio. L'hoste tardif ne vient pas les mains vuides.

Huelga el trigo so la nieue, como el viejo so la pele. Le bled se repose soubs la neige, comme le vieillard soubs la pelisse.

Huelgo me vn poco, mas hilo mi copo. Ie me repose ou recree vn peu, mais ie file ma quenoüillée.

Huesped con sol ha honor. L'hoste qui vient de soleil a de l'honneur. i. Celuy qui arriue de bonne heure à l'hostellerie est honorablement receu & bien logé.

Hueuos solos, mil manjares y para todos. Des œufs seuls mille mets & pour tous. i. se peuuent faire.

Huela me à mi en la bolsa, y hiedate à ti

en la boca. *Que ma bourse sente bon, & que ta bouche pue.*

Huye del malo que trae daño. *Fuys du meschant qui apporte dommage.*

Huye la memoria del varon, como el esclauo de su señor. *La memoire s'enfuit de l'homme, comme l'esclaue de son seigneur.*

Huyendo del toro, cayo enel arroyo. *En fuyant du taureau, il est tombé au ruisseau.*

Huy del trueno. *Voyez* Escape del trueno.

Hurtar el puerco y dar los pies por Dios. *Desrober le pourceau, & donner les pieds pour l'honneur de Dieu.*

Humo y gotera y la muger parlera echan al hombre de su casa fuera. *La fumée & la gouttiere & la femme babillarde chassent l'homme hors de sa maison.*

Hazer del cielo cebolla. *Faire du ciel vn oignon, c'est à dire, faire des merueilles dont on n'ouit iamais parler.*

I

Id por medio y no caereys. *Allez par le milieu & vous ne tomberez pas.* Medium tenuere beati.

Id à mercar à la feria, vereys como os va en ella. *Allez acheter à la foire, & vous verrez comme il vous en ira.*

Yglesia o mar o casa real quien quiere medrar. *Eglise, ou mer, ou maison royale qui veut profiter. Eglise veut dire icy benefice.*

Inuierno solagero Verano barrendero.

Refranes.   Prouerbes.

Hyuer qui a beaucoup de soleil fait l'Esté bon balayeur: parce qu'il est sterile, & y a peu de grain tellement qu'on est soigneux de le bien ramasser.

Ir à la guerra ni casar, no se ha de aconsejar. *Aller à la guerre ou se marier, ne se doit point conseiller.*

Ira de hermanos, ira de diablos. *Ire de freres, ire de diables.*

Iurado ha el baño de negro no hazer blanco. *Le bain a iuré d'vn noir n'en faire blanc.*

Iurado tiene la menta, que al estomago nunca mienta. *La mente a iuré qu'elle ne mentira iamais à l'estomach.*

Iuras de tahur, passos son de liebre. *Sermens de ioüeur, ce sont pas de lieure.*

Iura mala en piedra caya. *Mauuais serment sur pierre tombe.*

Iudios en Pasquas, Moros en bodas, Christianos en pleytos, gastan sus dineros. *Les Iuifs en Pasques, les Mores en nopces, les Chrestiens en procez, despensent leurs deniers.*

L

La hazienda del clerigo de la Dios y la quita el demonio. *Le bien du Prestre Dieu le donne, & le diable l'oste.*

La muger y la cereza, por su mal se afeyta. *La femme & la cerise pour leur mal se fardent.*

Las tocas de beata y vñas de gata. *La coiffure de deuote, & ongles de chat.*

Refranes. Prouerbes.

La pimienta escalienta. Le poivre eschauffe.

La leche sal del mueso, no del huesso. Mueso quiere dezir de lo que come. Le laict fort de la mangeaille, & non pas des os.

La oueja loçana dixo à la cabra dame lana. La brebis glorieuse dit à la chevre, donnes moy de la laine.

La priessa mete la liebre enel camino. La haste met le lievre au chemin.

La costumbre de jurar, jugar y briuar, es dura de desechar. L'accoustumance de iurer, iouër & gueuser est dure à delaisser: desechar signifie rejetter.

La de Nauidad al sol, la florida al tizon. id est, Pascua. Celle de Noel au soleil, & la fleurie au tison. Le Fr. A Noel au perron, à Pasques au tison. Il faut icy entendre que les Espagnols appellent Pasqua de Nauidad, la feste de Noel, Pasqua de Resurecion, la grand Pasque, & Pasqua de Pentecostes, la Pentecoste.

La vida passada haze la vejez pesada. La vie passée fait la vieillesse ennuyeuse.

La espina quando nace, la punta lleua delante. L'espine quand elle naist elle vient la pointe devant.

La verdad como el olio siempre anda en somo. La verité cöme l'huile va tousiours par dessus.

La muger en casa y la pierna quebrada. La femme en la maison & la iambe rompuë.

La piedra es dura y la gota menuda mas cayendo de contino haze cauadura. La pierre est dure & la goute menuë, mais tombant continuellement elle creuse.

La muger

Refranes. Prouerbes. 73

La muger que poco hila, siempre trae mala camisa. *La femme qui peu file, tousiours porte meschante chemise.*

La mula y la muger, por halagos hazen el mandado. *La mule & la femme, par caresses font le commandement.*

La vna mano à la otra laua, y las dos à la cara. *L'vne des mains laue l'autre, & les deux le visage.*

La horca lo suyo lleua. *Le gibet a ce qui est à soy.*

La culpa del asno echan la al aluarda. *La faute de l'asne on l'impute à son bast.*

La muger polida, la casa suzia la puerta barrida. *La femme bien parée, la maison orde & la porte balayée.*

La mano cuerda no haze todo lo que dize la lengua loca. *La main sage ne fait pas tout ce que dit la langue folle.*

La muger y el vidro, siempre estan en peligro. *La femme & le verre sont tousiours en danger.*

Lauar la cabeça del asno perdimiento de xabon. *A lauer la teste d'vn asne on n'y perd que le sauon.*

La leche con el vino, torna se venino. *Le laict auec le vin se tourne en venin. Le Fr. Vin sur laict c'est souhait, laict sur vin c'est venin.*

La quinta rueda al carro, no haze sino embaraçar. *La cinquiesme rouë au chariot ne fait rien qu'empescher.*

La bestia que mucho anda, nunca falta quien la taña. *La beste qui beaucoup va, iamais ne*

D

manque qui la frape. Le Fr. *On touche tousiours sur le cheual qui tire.*

La muger y el vino sacan al hombre de tino. *La femme & le vin, tirent l'homme de iugement.*

Ladreme el perro y no me muerda. *Que le chien m'abbaye, mais qu'il ne me morde pas.*

La mala llaga sana, la mala fama mata. *La mauuaise playe se guerit, la mauuaise renommée tuë.*

La letra con sangre entra. *La lettre entre auec le sang.*

La cabra de mi vezina, mas leche da que no la mia. *La cheure de ma voisine rend plus de laict que la mienne.* Fertilior seges est alieno semper in agro, &c.

La olla en sonar, y el hombre en hablar. *Le pot au son & l'homme à la parole.* subaudi, se cognoissent.

La moça como es criada, la estopa como es hilada. *La ieune fille comme elle est nourrie, & l'estoupe comme elle est filée.*

La mucha familiaridad acarrea menosprecio. *La trop grande familiarité engendre mespris.* Acarrea *signifie ameine.*

La cruz en los pechos y el diablo en los hechos. *La croix en la poictrine, & le diable és actions.*

La boda de los pobres, toda es bozes. *La nopce des pauures, ce ne sont que cris.*

La tierra que el hombre sabe essa es su madre. *La terre ou ville que l'homme sçait, celle-là est sa mere.* Sçait, *veut dire cognoist.*

Refranes.   Prouerbes.   75

La muger quanto mas mira la cara tanto mas destruye la casa. La femme tãt plus elle regarde son visage, tãt plus elle destruit sa maison.

Tant plus la femme embellit son visage
Tant moins de soin elle prend du mesnage.

Las gracias pierde quiẽ promete y se detiene. Celui perd les graces, qui promet et retarde.

Las tripas esten lleuas, que ellas lleuan à las piernas. Que les tripes soient pleines, car elles portent les jambes.

La vieja gallina haze gorda la cozina. La vieille geline fait grasse la cuisine.

La olla sin verdura, ni tiene gracia ni hartura. La marmite sans verdure n'a ny grace, ny rassasiement.

La muger vieja si no sirue de olla, sirue de cobertera. La vieille femme si elle ne sert de pot, elle sert de couuercle. i. de couuerture.

La pena es coxa mas llega. La peine ou la punition est boiteuse mais elle arriue.

La blanda respuesta la ira quiebra, la dura la despierta. La douce responce rompt la colere, & la rude l'esueille ou excite.

La sciencia es locura si buen seso no la cura. La science est folie, si bõ sens ne la gouuerne.

La picaça enel soto, ni la tomara el necio ni el docto. La pie dedans le bois, ne la prendra ny l'ignorant ny le docte.

La pintura y la pelea, desde lexos me la otea. La peinture et la bataille, regardes les de loin.

La perdiz es perdida, si caliente no es comida. La perdris est perduë, si elle n'est mangée chaude: est perduë. i. ne vaut rien.

D ij

La esperiencia, madre es de la sciencia. *L'experience est mere de la science.*

La perseuerança, toda cosa alcança. *La perseuerance vient à bout de toute chose.*

La primera muger escoba, y la segunda señora. *La premiere femme est vn balay, & la seconde est dame.*

Las sopas y los amores los primeros son mejores. *Les soupes & les amours les premieres sont les meilleures.*

La coz de la yegua no haze mal al potro. *Coup de pied de iument ne fait mal au poulain. Potro se prend icy pour l'estalon.*

La muger que cria ni harta ni limpia. *La femme qui nourrit, n'est ny saoule ny nette.*

La rueda de la fortuna, nunca es vna. *La rouë de fortune n'est tousiours vne i. en vn estat.*

La telaraña suelta al rato, y la mosca apaña. *La toille d'araigne laisse eschaper le rat, & attrape la mousche.*

La cuba huele al vino que tiene. *La cuue ou le tonneau sent le vin qui est dedans.*

La muger hermosa o loca o presuntuosa. *La femme belle est folle ou presomptueuse.*

La fortuna quando mas amiga, arma la çancadilla. *La fortune quand elle est plus amie donne la iambette. i. le croc en iambe.*

La muger artera, el marido por delantera. *La femme fine & ausée a son mary pour auantgarde.*

La mona aunque la vistan de seda mona se queda. *Le singe encor qu'on le veste de soye, il demeure tousiours singe,*

Refranes.   Prouerbes.

La biuda con el lutico, y la moça con el moquito. *La vefue auec le dueil, & la fille auec le morueau. i. prens les.*

La muger que no pone seso à la olla, no lo tiene ella en la toca. Seso es la piedra que pone tras la olla porque no se trastorne. *Ce prouerbe ne se peut simplement interpreter à cause de la double signification de seso: d'autant qu'il signifie le sens ou l'entendement, & ce que nous appellons accote pot, qui est ce que l'on met derriere vn pot de terre pour l'engarder de se renuerser quãd il est mis au feu. Toca est le couure-chef ou coiffe, & icy s'entend pour la teste.*

La mançana podrida, pierde à su compañia. *La pomme pourrie gaste sa compagnie. Le Fr. Il ne faut qu'vne brebis rongneuse pour gaster tout le troupeau.*

La muger y la pera, la que calla es buena. *La femme & la poire, celle qui se taist est bonne.*

La biuda rica, con vn ojo llora, y con el otro repica. *La vefue riche pleure d'vn œil, & de l'autre elle carillonne. i. sonne la feste.*

La muger compuesta à su marido quita de puerta agena. *La femme parée oste son mary de la porte d'autruy.*

La verdad aunque amarga se traga. *La verité encor qu'elle soit amere, elle s'auale.*

La verdad es verde. i. no quiebra como madero verde. *La verité est verte. i. elle ne rompt pas comme le bois vert.*

La mentira no tiene pies. Antes toman al mentiroso que al coxo. i. no puede huyr. *Le mensonge n'a point de pieds. On attrape plustost le*

D iij

menteur que le boiteux.

La paja en el ojo ageno, y no la viga en el nuestro. *Le festu en l'œil d'autruy, & non la poultre au nostre. i. se voit.*

La traycion aplaze, mas no el que la haze. *La trahison plaist, mais non celuy qui la fait.*

La muger y la tela no las cates à la candela. *La femme & la toille, ne les regardes à la chandelle.*

La que mucho visita las santas no tiene tela en las estacas. *Celle qui visite beaucoup les Sainctes, n'a point de toille penduë à ses cheuilles.*

La lengua luenga es señal de mano corta. *La langue longue, est signe de main courte.*

Lo que en la leche se mama, en la mortaja se derrama. *Ce que l'on tette auec le laict, au suaire se respand. i. Ce qu'on accoustume de ieunesse dure iusques à la mort.*

Lo que la loba haze al lobo aplaze. *Ce que la louue fait plaist bien au loup.*

Lo bien ganado se pierde, y lo mal ello y su amo. *Ce qui est bien gaigné se perd, & le mal gaigné perd soy & son maistre.*

Lo que el niño oyo en el hogar, esso dize en el portal. *Ce que l'enfant a ouy au foyer, il le redit à la porte. Il ne faut rien dire ny faire deuant les petits enfans.*

Lo que come mi vezino no aprouecha à mi tripa. *Ce que mange mon voisin ne profite à mon boyau.*

Lo que de noche se haze de dia paresce. *Ce qui se fait de nuict, de iour paroist.*

Refranes. Prouerbes.

Lo que has de hazer no digas cras pon la mano y haz. *Ce que tu dois faire, ne dis point à demain mets la main & fais.*

Lobo hambriento no tiene assiento. *Loup affamé ne garde point d'accord, ou n'a point d'arrest.*

Lo mucho se gasta y lo poco basta. *Le trop se despend, & le peu suffit.*

Lo que se vsa no se escusa. *De ce que l'on a accoustumé d'vser, on ne s'en peut passer.* Lo que se vsa, c'est à dire, ce qui est en vsage.

Lo que te dixere el espejo, no te lo diran en consejo. *Ce que le miroir te dira, on ne te le dira pas au cõseil. Vn bõ miroir n'est point flateur.*

Lo que no quieras para ti, no lo quieras para mi. *Ce que tu ne veux pour toy, ne le vueilles pas pour moy. Le Fr. Ne fais à autruy ce que tu ne veux qu'on te face.*

Lo barato es caro. *Ce qui est à bon marché est cher. Le Fr. On n'a iamais bon marché de mauuaise marchandise.*

Lo que se aprende en la cuna, siẽpre dura. *Ce que l'on apprend au berceau, tousiours dure.*

Lo peor del pleyto es que de vno nacen ciẽto. *Le pis du procez est que d'vn il en naist cẽt.*

Los yerros del medico la tierra los cubre. *Les fautes du medecin la terre les couure.*

Los que cabras no tienen y cabritos vẽden, de donde les vienen. *Ceux qui n'ont point de cheures, & vendent des cheureaux, d'où leur viennent-ils?*

Lo que hecho es, hecho ha de ser por esta vez. *Ce qui est fait, sera fait pour ceste fois.*

Lo que fuerça no puede ingenio lo vence. Ce que force ne peut, esprit le vainq. i. industrie le surmonte.

Lo que mucho vale de so tierra sale. Ce qui vaut beaucoup, sort de dessoubs terre.

Lo que mucho se dessea no se cree aunque se vea. Ce que beaucoup on desire, on ne le croit encor qu'on le voye.

Lo que con los ojos veo con el dedo lo adeuino. Ce que ie voy de mes yeux, ie le deuine du doigt.

Llouerà, mas primero venteará. Il pleuura, mais premier il ventera.

Luengo y estrecho, como año malo. Long & estroit comme vne chere année.

Luengas platicas hazen chica la noche. Longs discours font la nuict courte. Les longs discours font les iours courts.

Lumbre haze cozina. Le feu fait la cuisine.

M

Mayo hortelano, mucha paja y poco grano. May iardinier, beaucoup de paille, & peu de grain.

Mal aya el vientre que del pan comido no se le viene miente. Maudite soit la pance, qui du pain mangé n'a point de souuenance.

Mas vale ser necio que porfiado. Il vaut mieux estre sot qu'opiniastre.

Mas vale que sobre que no que falte. Il vaut mieux qu'il y ait trop, que trop peu.

Mas vale el arbol que sus flores y mas tu

Refranes. Prouerbes.

dote en tierras que no en tiras y cordones. Mieux vaut l'arbre que ses fleurs, & plus ton dot en terre que non en passemens & cordons.

Manda y descuyda, no se hara cosa ninguna. Commandes & n'ayes soin, il ne se fera rien.

Madre y hija, visten vna camisa. La mere & la fille vestent vne chemise.

Mas tiran nalgas en lecho, que bueyes en baruecho. Plus tirent les fesses au lict, que les bœufs en la iachere.

Mas vale dexar en la muerte al enemigo, que pedir en la vida al amigo. Mieux vaut laisser en la mort à l'ennemy, que d'en demander durant la vie à son amy.

Mas vale tuerto que ciego. Mieux vaut borgne qu'aueugle.

Mas vale gordo al telar que delgado al muladar. Mieux vaut gros au mestier, que delié sur le fumier. Telar, c'est le mestier du tisserand.

Manda y hazlo y quitar te has de cuydado. Commandes & le fais, & tu t'osteras de soucy.

Mas valen amigos en la plaça, que dineros enel arca. Plus valent amis en la place, que l'argent au coffre.

Mas vale callar que mal hablar. Mieux vaut se taire que mal parler.

Mas hiere mala palabra, que espada afilada. Plus blesse vne mauuaise parole, qu'vne espée afilée.

Mas puede Dios ayudar, que velar ni madrugar. Dieu peut d'auantage aider, que veiller ny se leuer du matin.

Mas valen granças de mi hera que trigo

D v

de troxe agena. *Mieux vallent cribleures ou pailles de ma grange, que le bled du grenier d'autruy.*

Mas vale descoser que romper. *Mieux vaut descoudre que deschirer.*

Mas vale buen amigo, que pariente ni primo. *Mieux vaut vn bon amy qu'vn parent ny cousin.*

Mas vale à quien Dios ayuda, que al que mucho madruga. *Mieux vaut celuy à qui Dieu ayde, que celuy qui se leue bien matin.*

Mas vale regla que renta. *Mieux vaut regle que rente.*

Mas valen dos bocados de vaca, que siete de patata. Patata es manjar precioso de las Indias. *Mieux vallent deux morceaux de chair de bœuf, que sept de Patata.*

Mal se apaga el fuego con las estopas. *Mal se peut esteindre le feu auec les estoupes.*

Madruga y veras, trabaja y auras. *Leues toy matin & tu verras, trauailles & tu auras.*

Mas vale vn dia del discreto, que toda la vida del necio. *Mieux vaut vn iour du discret, que toute la vie de l'ignorant.*

Mas vale ganar en lodo, que perder en oro. *Mieux vaut gaigner en bouë, que perdre en or.*

Mas vale prenda enel arca, que fiador en la plaça. *Mieux vaut vn gage au coffre, qu'vn pleige en la place.*

Mas vale humo de mi casa, que fuego de la agena. *Mieux vaut la fumée de ma maison, que le feu de celle d'autruy.*

Matrimonio ni señorio, ni quieren furia ni brio. *Mariage ny Seigneurie ne veulent courage ni furie.* Brio, *signifie viuacité de courage & gaillardise, ardeur d'esprit.*

Mas vale verguença en cara que manzilla en coraçon. *Mieux vaut la honte au visage qu'vne tache au cœur.*

Mas vale vaca en paz que pollos con agraz. *Mieux vaut du bœuf en paix, que poulets au verjus.* Agraz, *est icy entendu pour douleur, & amertume.* Vaca, *c'est chair de bœuf.*

Mas sabe el loco en su casa, que el cuerdo enel agena. *Plus sçait le fol en sa maison, que le sage en celle d'autruy.*

Mas vale paxaro en la mano, que bueytre bolando. *Mieux vaut vn passereau en la main, qu'vn vaultour volant.* Paxaro *se prend pour toute sorte de petits oiseaux.*

Mas quiero asno que me lleue, que cauallo que me derrueque. *I'aime mieux vn asne qui me porte, qu'vn cheual qui me iette par terre.*

Mas son los amenazados que los acuchillados. *Plus y a de menassez que de coutelassez.* Acuchillados *signifie decoupez et detaillez.*

Mas ay dias que longanizas. *Il y a plus de iours que de saucisses.*

Mal es acabarse el bien. *C'est vn mal que la fin du bien.*

Mas vale ruyn asno que ser asno. *Mieux vaut auoir un meschât asne, que d'estre asne soy-mesme.*

Manos duchas comen truchas. *Les mains duites mangent des truites.*

Mas da el duro que el desnudo. *Plus*

donne le dur que celuy qui est nud.

Mas cuesta mal hazer, que bien hazer. Plus couste mal faire que bien faire.

Mal aya el romero que dize mal de su bordon. Mal vienne au pelerin, qui dit mal de son bourdon.

Mas cerca estan mis dientes que mis parientes. Plus pres me sont mes dents que mes parens. Le Fr. Ma chair m'est plus pres que ma chemise.

Mas vale saber que auer. Mieux vaut sçauoir qu'auoir.

Mandar no quiere par. Le commander ne veut point de compagnon ou d'esgal.

Mas vale palmo de paño que pedaço de alcornoque. Mieux vaut demy quartier de drap qu'vn morceau de liege. i. il vaut mieux estre plus grand que plus petit de corps.

Mas apaga buena palabra que caldera de agua. Plus esteint vne bône parole, qu'vne chaudronnée d'eau.

Mas corre ventura que cauallo ni mula. Plus fort court l'auanture, que cheual ny mule.

Mas vale puñado de natural que almoçada de sciencia. Mieux vaut vne poignée de naturel, que deux pleines mains de science. Almoçada, c'est vne iointée.

Mas ablanda el dinero, que palabras de cauallero. Plus adoucit l'argent, que parole de chevalier.

Mas vale mala abenencia que buena sentencia. Mieux vaut mauuais accord que bonne sentence.

Refranes.　Prouerbes.　85

Mas vale salto de mata que ruego de hóbres buenos. *Mieux vaut le sault du buisson, que la priere des gens de bien.*

Mal me quieren mis comadres porque les digo las verdades. *Mal me veulent mes commeres, parce que ie leur dis les veritez.*

Mas vale perderse el hombre, que si es bueno perder el nombre. *Mieux vaut à l'home de se perdre, que de perdre son renom s'il est bon.*

Mas largo que el Sabado santo. *Plus long que le Samedy sainct.*

Mas vale bien holgar que mal trabajar. *Mieux vaut se bien reposer que mal trauailler.*

Mas vale año tardio que vazio. *Mieux vaut année tardiue que vuide.*

Mas vale que mienta yo que los panes. *Il vaut mieux que ie mente que les bleds.*

Mas vale pedir y mendigar, que en la horca pernear. *Il vaut mieux demander & mendier, que non pas au gibet gambiller.*

Mas vale bien de lexos, que mal de cerca. *Mieux vaut vn bien de loing, qu'vn mal de prés.*

Mal ladra el perro, quando ladra de miedo. *Mal abbaye le chien, quand il abbaye de peur.*

Mas vale pedaço de pan con amor, que gallinas con dolor. *Mieux vaut vn morceau de pain auec amour, que des poules auec douleur.*

Mas vale vn presente que dos despues y dezir atiende. *Mieux vaut vn presentement que deux apres, & dire attends. Le Fr. Mieux* vaut vn tiens que deux tu l'auras.

Mas es el ruydo que las nuezes. *Il y a plus de bruit qu'il n'y a de noix.*

Mal por mal no se deue dar. *Il ne faut pas rendre mal pour mal. Le Fr. Il faut faire le bien contre le mal.*

Mal sobre mal, y piedra por cabeçal. *Mal sur mal, & vne pierre pour cheuet. Le Fr. Mal sur mal n'est pas santé.*

Mas vale agua del cielo, que todo el riego. *Mieux vaut l'eau du ciel que tout arrousement.*

Mas caga vn buey que cien golondrinas. *Plus chie vn bœuf que cent urondelles.*

Mas vale el señero, que con ruyn compañero. *Il vaut mieux estre seul, que mal accompagné.*

Mas vale guardar que demandar. *Mieux vaut espargner que d'en demander.*

Mas tiran tetas que sogas cañameras. *Plus tirent les tetins que cordes de chanure. Autres mettent, que exes ni carretas, que essieux ny charrettes.*

Mayo qual lo hallo tal lo grano. *May, tel que ie le trouue, tel ie le grene. i. rends fertile.*

Marta la piadosa que mascaua la miel à los enfermos. *Marthe la pitoyable qui maschoit le miel aux malades.*

Mal que no sabe tu vezino, ganancia es para ti mismo. *Vn mal que ne sçait ton voisin, c'est vn gain pour toy-mesme.*

Madre piadosa cria hija merdosa. *Mere piteuse nourrit la fille breneuse.*

Mas querria estar al sabor que al olor.
I'aymerois mieux estre à la saueur qu'à l'odeur.

Mas vale duro que ninguno. Mieux vaut
dur que nul.

Mal ageno cuelga de pelo. Le mal d'autruy
pend a vn poil i. ne nous importe pas de beaucoup.

Mas produze el año, que el campo bien
labrado. Plus produit l'année que le champ bien
labouré. i. l'année planturense.

Mas guarda la viña el miedo que no el
viñadero. La crainte garde plus la vigne que ne
fait le messier.

Mas vale fauor que justicia ni razon.
Mieux vaut la faueur, que iustice ny raison.

Mas vale buelco de olla, que abraço de
moça. Mieux vaut vn tour de marmite, qu'vn
embrassement de ieune fille.

Madre que cosa es casar? hija, hilar, parir
y llorar. Ma mere, qu'est-ce que marier? Ma fille,
c'est filer, enfanter & pleurer.

Mas tira moça que soga. Plus tire ieune fille
que corde.

Medrar Gabriel de contray à buriel. Profiter Gabriel de fin drap à bureau.

Mear claro, y dar vna higa al medico. Pisser clair, & faire la figue au medecin.

Metiole las cabras en el corral. i. pusole
miedo. Il luy a mis les cheures en sa court, c'est à
dire, il luy a fait peur.

Mas quiero pedir à mi cedaço vn pan apretado, que à mi vezina prestado. I'aime mieux
demander à mon sas vn pain noir & serré, qu'à
ma voisine emprunté.

Mentir Marta, como sobrescrito de carta. Mentir Marthe, comme la superscriptiõ d'vne lettre i. à descouuert.

Mejor me parece tu jarro mellado, que el mio sano. Tõ pot esbreché me semble meilleur que le mien sain & entier.

Mete la mano en tu seno, no diras de hado ageno. Mets la main en ton sein, & tu ne diras rien du destin d'autruy. Le Fr. Cil qui d'autruy parler voudra, regarde à soy il se taira. Cil. i. celuy.

Menos vale à las vezes el vino que las hezes. Moins vaut quelquesfois le vin que la lie.

Medicos de Valencia, luengas haldas y poca sciencia. Medecins de Valence, lõgues robbes & peu de science.

Mete el toro en el lazo, que ayna viene el plazo. Mets le taureau au laqs, que promptement vient le terme.

Mete el ruyn en tu pajar, y querer te ha heredar. Mets le meschant en ton pailler, & il voudra estre ton heritier. Mets. i. retires.

Marido no veas, muger ciega seas. Mary ne vois pas, femme sois aueugle.

Mal me quiere y peor querra à quien dixere la verda. Il me veut mal, & pis voudra celuy à qui ie diray la verité. Verda pour verdad. Veritas odium parit.

Mas mato la cena que sanò Auicena. Plus en a tué le souper, qu'Auicene n'en a guery.

Madre vieja y camisa rota, no es deshonrra. Vieille mere & chemise deschirée, ce n'est pas deshonneur.

Refranes. Prouerbes. 89

Mas vale meaja que pelo de barua. Mieux vaut vn obole, qu'vn poil de barbe.

Maços y cuños, todos son vnos. Maillets & coins, c'est tout vn.

Mal recaudo perdio su asno. Mauuais soin perdit son asne.

Mas vale vieja con dineros, que moça con cabellos. Mieux vaut vieille auec deniers, que ieune auec des cheueux.

Madre y hija van à Missa, cada vna con su dicha. Mere & fille vont à la Messe, chacune auec sa fortune.

Março vētoso y Abril lluuioso, del buen colmenar hazen astroso. Mars venteux & Auril pluuieux, de la bonne ruche ils en font vne meschante. Colmenar c'est vn iardin de ruches.

Mi muger la santera, parecesele el trasero por vna estera. añade, con que estaua cubierta por falta de mortaja. Ma femme la bigotte, on luy voit le derriere à trauers d'vn morceau de natte. sub. dont elle estoit couuerte à faute de suaire.

Menea la cola el can, no por ti, sino por el pan. Le chien remuë la queuë, non pas pour toy, mais pour le pain.

Meter aguja y sacar reja. Mettre vne aiguille, & en tirer vn soc de charruë.

Mientra mas yela mas aprieta. Tant plus il gele, plus il estreint.

Mientra el discreto piensa, haze el necio la hazienda. Pendant que le discret pense, le fol fait la faciende. Hazienda significa aussi le bien & moyen de quelqu'vn.

Mira adelante no caeras atras. *Regardes deuant toy, tu ne tomberas en arriere.*

Mi comadre el oficio de la rana beue y parla. *Ma commere, le meſtier de la grenoüille elle boit & parle.*

Mi hijo Benitillo, antes maeſtro que diſcipulo *Mō fils Benoiſt, pluſtoſt maiſtre que diſciple.*

Mi hijo verna baruado, mas no parido ni preñado. *Mon fils viendra barbu, mais nō pas ayant enfanté ny gros d'enfant.*

Mi cauallo gordo ſi quiera de grano, ſi quiera de poluo. *Mon cheual gras, ſoit de grain, ſoit de pouldre. i. pourueu qu'il ſoit gras il ne me chault pas dequoy.*

Miſſa ni ceuada, no eſtoruan jornada. *La Meſſe ny l'auoine n'empeſchent la iournée. i. ne la retardent.*

Miguel Miguel no tienes abejas y vendes miel. *Michel Michel, tu n'as point d'abeilles, & ſi tu vends du miel.*

Mira que ates que deſates. *Regardes que tu lies en ſorte que tu puiſſes deſlier.*

Mientras anda el yugo, anda el huſo. *Tādis que le joug va, que le fuſeau aille. Le joug ſignifie la charruë.*

Miente el padre al hijo, y no el yelo al granizo. *Le pere ment à ſon fils, mais non pas la gelée à la greſle.*

Mi arca cerrada, mi alma ſana. *Mon coffre fermé, mon ame ſaine. i. a repos.*

Menguante de Enero corta madero. *Au defaut de Ianuier, coupe le bois, c'eſt à dire, au decours de la Lune de Ianuier.*

Refranes. Prouerbes. 91

Mientra en mi casa me estoy, Rey me soy. Pendāt que ie suis en ma maison ie suis Roy. Le Fr. Chascun est maistre en sa maison.

Mi hijo esforçado no me lo cerquē quatro. Mon fils vaillant que quatre ne l'enuironnēt pas Ne Hercules quidem contra duos.

Mientra la grande se abaxa, la chica barre la casa. Tandis que la grande s'abbaisse, la petite balaye la maison.

Moço creciēte, lobo enel viētre. Ieune enfāt qui croist, a vn loup au vetre. i. a tousiours faim.

Moça galana calabaça vana. Fille braue ou mignonne, c'est vne calebace creuse.

Monte y rio, demelo Dios por vezino. Mōtagne & riuiere, Dieu me les dōne pour voisins.

Montes veen, paredes oyen. Montagnes voyent, & murailles oyent. Le Fr. Les murailles ont des oreilles.

Moça que con viejo casa trata se como anciana. Ieune fille qui se marie auec vn vieillard se traite comme vne anciēne. i. comme vne vieille.

Moça de mesou, no duerme sueño con sazon. Fille d'hostellerie ne dort point de somme auec saison. i. n'a point de repos certain. Moça signifie aussi vne seruante.

Moça vētanera o puta o pedera. Ieune fille qui aime d'estre aux fenestres, est putain ou peteuse. Pedera est le mesme q̄ traqueadora, qui signifie vne qui a couru l'esguilletie tāt qu'elle n'ē peut pl°

Moço de quinze años tiene papo y no tiene manos. Garçō de 15. ans a vn iusier & n'a point de mains. i. sçait biē māger & ne sçait rien faire.

Mucho hablar empece, mucho rascar escueze. Le Fr. *Trop parler nuit, trop grater cuit.*

Moça garrida o bien ganada o bien perdida. *Fille mignonne, ou bien gaignée, ou bien perduë.*

Morcilla que el gato lleua, gandida va. *Saucisse que le chat emporte, est mangée.* Gandida. i. comida. *Nous dirons en François, Flābée, fricassée, ou conie.*

Mollina en casa do no ay harina. *Petite pluye en maison où il n'y a point de farine.*

Moço bien criado, ni de suyo habla, ni preguntado calla. *Garçon bien appris ne parle de soy mesme, ny ne se taist estant interrogé.*

Mucho sabia el cornudo, pero mas el que se los puso. *Beaucoup sçauoit le cocu ou cornard, mais plus sçauoit celuy qui luy planta les cornes.*

Mudado el tiempo, mudado el pensamiento. *Le temps changé, la pensée changée.*

Muchos son los amigos, pocos los escogidos. *Plusieurs sont les amis, mais peu sont les esleuz.*

Muera Marta y muera harta. *Que Marthe meure, mais qu'elle soit saoule.*

Mudase el zelo con el pelo. *Le zele se change auec le poil.* Zelo. i. el amor y aficion.

Muger placera dize de todos y todos della. *Femme qui va de place en place, parle de tous, & tous d'elle.*

Mucho gasta el que va y viene, pero mas el que reside: otros dizen: El que casa mātiene. *Beaucoup despend celuy qui va & vient, mais plus celuy qui reside.* D'autres disent: *Celuy qui tient maison.*

Mucho vale y poco cuesta, à mal hablar buena respuesta. *Beaucoup vaut et peu couste donner à mauuaise parole vne bonne responſe.* Le Fr Beau parler n'escorche langue.

Mucho sabe el rato, pero mas el gato. *Beaucoup sçait le rat, mais bien plus le chat.*

Mucho sabe la raposa, pero mas el que la toma. *Beaucoup sçait le renard, mais plus celuy qui le prend.*

Muchos van al mercado, cada vno con su hado. *Plusieurs vont au marché, chacun auec son destin ou fortune.*

Muchos ajos en vn mortero, mal los maja vn majadero. *Plusieurs aulx en vn mortier, mal les peut piler vn pilon.*

Muchos amigos en general, y vno en especial. *Plusieurs amis en general, et vn en especial i.en particulier.*

Mucho pide el loco, mas loco es el que lo da. *Le fol demande beaucoup, plus fol est celuy qui le donne.*

Muchos besan manos que querrian ver cortadas. *Plusieurs baisent des mains, qu'ils voudroient voir coupées.*

Mudar los dientes y no las mientes. *Muer les dents, & non la memoire*

Mudase el tiempo, toma otro tiento. *Le temps se change, prens vne autre resolution.* Tiéto signifie iugement, discretion, tastement, sonde, visée, dessein.

Mudança de tiempos bordon de necios. Changement de temps, entretien de sots & ignorans.

Muerta es la abeja que daua la miel y la cera. Morte est l'abeille qui donnoit le miel & la cire.

Muger viento y ventura, presto se muda. Femme, vent & fortune, tost se changent.

Muger se quexa, muger se duele, muger enferma quando ella quiere. Femme se plaint femme se deult, femme est malade quãd elle veut. Le François y adiouste: Et par madame saincte Marie, quand elle veut elle est guerie.

Muger de cinco sueldos, marido de dos meajas. Femme de cinq sols, mary de deux oboles. Le Fr. Vn homme de paille vaut vne femme d'or.

Muger casera el marido se le muera. Femme mesnagere, que son mary luy meure: parce qu'estant veusue elle ne manquera point de party.

Muera muera, que hombre muerto no haze guerra. Meure, meure, car vn homme mort ne fait point de guerre. Le Fr. Plus de morts moins d'ennemis.

Mula que haze hin, y muger que parla Latin, nunca hizieron buen fin. Vne mule qui fait hin, & femme qui parle Latin, iamais ne firent bonne fin. Le Fr. Soleil qui luisarne au matin, femme qui parle Latin, & enfant nourry de vin, ne viennent point à bonne fin.

Mundo redondo, quien no sabe nadar va se à lo hondo. Le monde est rond, qui ne sçait nager s'en va au fond.

Muy mal està el huso, quando la barua

Refranes. Prouerbes. 95

no anda de suso. *Voyez:* Cō mal està el huso.

Muger aluendera, los disantos hilandera. *Femme qui trotte & raude çà & là, les iours de Festes est filandiere.*

N

Nace en la huerta, lo que no siembra el hortelano. *Il croist au iardin chose que le iardinier n'y seme pas.*

Nadie seria mesonero si no fuesse por el dinero. *Personne ne seroit hostelier, si ce n'estoit pour le denier.*

Nadar y nadar y à la orilla ahogar. *Nager & nager, & au bord se noyer.*

Nauidad en viernes, siembra por do pudieres: En Domingo vende los bueyes y echalo en trigo. *Noel au Vendredy, semes par où tu pourras: Au Dimanche vends les bœufs, & employes l'argent en bled.*

Necios y porfiados, hazen ricos los letrados. *Les fols & opiniastres sōt riches les aduocats.*

Nieue en Hebrero, hasta la hoz el tempero. *Neige en Feurier iusques à la faucille tient la saison.*

Ni à rico deuas, ni à pobre prometas. *A vn riche ne luy dois rien, & ne promets point à vn pauure.*

Ni de estiercol buen olor, ni de hombre vil honor. *Ny de fiente bonne odeur, ny d'vn homme vil honneur.*

Ni casa en canton, ni cabe meson. *Ni maison en coin, ny pres d'vne hostellerie.*

Ni domes potro ni tomes consejo de loco. *Ne domptes poulain, ny ne prends conseil de fol.*

Ni rio sin vado, ni linage sin malo. *Il n'y a riuiere sans gué, ny race sans meschant.*

Necio es quien piensa que otro no piensa. *Sot est celuy qui pense qu'vn autre ne pense pas.*

Ni dueña sin escudero ni fuego sin trasoguero. *Ny dame sans escuyer, ny feu sans contrefeu.*

Ni moço dormidor, ni gato maullador. *Ny garçon dormeur, ny chat miauleur.*

Ni hagas huerta en sombrio, ni edifiques cabe rio. *Ne fais iardin en ombrage, ny ne bastis pres de riuiere.*

Ni moço goloso, ni gato cenizoso. *Ny garçon gourmand, ny chat cendrier.*

Ni antruejo sin luna, ni feria sin puta, ni piara sin artuña. *Ny Caresme-prenant sans Lune, ny foire sans putain, ny troupeau sans brebis, à laquelle l'aigneau est mort. Artuña, c'est la brebis qui ayant aignelé tout fraischement, son aigneau luy meurt. Piara, c'est vn troupeau de trois cents brebis.*

Ni perder derechos, ni lleuar cohechos. *Ne faut perdre ses droicts, ny faire concuβions.*

Ni fies ni porfies ni arriendes, viuiras entre las gentes. *Ne bailles à credit, ne t'opiniastres, ny ne prends à rente, & tu viuras entre les gens.*

Ni comendon bien cantado, ni hijo de clerigo bien criado. *Ny postcommunion bien chanté,*

chanté, ny enfant de Prestre bien nourry. i. bien appris.

Ni firmes carta que no leas, ni beuas agua que no veas. *Ne signes ou soubscris lettre que tu ne la lises, ny ne bois eau que tu ne voyes.*

Ni tan hermosa que mate, ni tan fea que espante. *Ny tant belle qu'elle tuë, ny tant laide qu'elle espouuente.*

Ni los ojos à las cartas, ni las manos à las arcas. *Ny les yeux aux lettres, ny les mains aux coffres.*

Ni todos los que estudian son letrados, ni todos los que van à la guerra soldados. *Tous ceux qui estudient ne sont aduocats, ny tous ceux qui vont à la guerre soldats. Letrado proprement signifie vn aduocat, & lors il est nom substantif: mais letrado adiectif veut dire lettré & docte, & quelques-vns pour aduocat disent letrado en derechos.*

Ni mesa sin pan, ni exercito sin capitan. *Ni table sans pain, ny armes sans capitaine.*

Ni mesa que se ande, ni piedra enel escarpe. *Ny table qui se recule, ny pierre dans l'escarpin.*

Ni comas crudo, ni andes el pié desnudo. *Ne manges rien de crud, ny ne t'en vas pied nud.*

Ni frayle en bodas, ni perro entre las ollas. *Ny moine aux nopces, ny chien entre les pots ou marmites.*

Ni tan vieja que amule, ni tan moça que retoçe. *Ny tant vieille qu'elle torde la bouche, ny tant ieune qu'elle folastre. Amular, c'est tordre la* bouche comme font les vieilles en mangeant.

Ni eſtopa con tizones, ni la muger con varones. Ni l'eſtoupe auec les tiſons, ni la femme auec les hommes: on pourroit dire, garçons, pour reſpondre aucunement à ce mot, tiſons.

Ni pollos ſin tocino, ni ſermon ſin Auguſtino. Ni poulets ſans lard, ni ſermon ſans S. Auguſtin.

Ni puta ni paje de baxo linage. Ni putain ni page de bas lignage.

Ni aſno rebuznador ni hombre rallador. Ni aſne brayard, ni homme criard.

Ni abſente ſin culpa, ni preſente ſin deſculpa. Il n'y a abſent ſans coulpe, ni preſent ſans excuſe.

Ni fies en villano, ni beuas agua de charco. Ne te fies en vilain, ni ne bois eau de mareſt.

Ni ſiruas à quien ſiruiò, ni pidas à quien pidio. Ne ſers à celuy qui a ſeruy autresfois, & ne demandes à celuy qui en a demandé.

Ni merques de ladron, ni hagas fuego de carbon. N'acheptes d'vn larron, & ne fais feu de charbon.

Ni de niño te ayuda, ni te caſa con biuda. Ne prens l'ayde d'vn petit enfant, ni ne te maries auec vne veufue.

Ni caualgues en potro, ni tu muger alabes à otro. Ne cheuauches vn ieune poulain, ni ne louës pas ta femme en preſence d'autruy.

Ni des conſejo à viejo, ni eſpulgues çamarro prieto. Ne dōnes conſeil à vn vieillard, ni n'eſpucetes vn peliſſon noir.

Ni de eſtopa buena camiſa, ni de puta

Refranes.   Prouerbes.   99

buena amiga. *Ni d'eſtouppe bonne chemiſe, ni de putain bonne amie.*

Ni vo ni vengo, mas qual ſeſo tuue, tal caſa tengo. *Ie ne vay ni ne vien, mais quel entendement i'ay eu, telle maiſon i'ay. Seſo ſignifie ſens & entendement.*

Ni mi era ni mi ciuera, trille quien quiſiere en ella. *Ni mon aire ni mon bled batte qui voudra. Era s'eſcrit auſſi hera. Ciuera ſe prend pour le froment.*

Ni viña en bajo, ni trigo en caſcajo. *Ni vigne en vn lieu bas, ny bled en grauier.*

Ni moço pariente ni rogado, no lo tomes por criado. *Ieune garçon parent ni prié, ne le prends pour ſeruiteur: prié veut dire, pour qui on t'a prié, ou que l'on t'a recommandé.*

Ni con cada mal al Phiſico, ni con cada pleyto al letrado, ni con cada ſed al jarro. *Ni auec tout mal au medecin, ni auec tout procez à l'aduocat, ni auec toute ſoif au pot.*

Ni pernada de potro, ni raſcadura de vn pié con otro. *Ni gambade ou ruade de poulain ni frottement d'vn pied contre l'autre.*

Ni frayle por amigo, ni clerigo por vezino. *Ni moine pour amy, ni Preſtre pour voiſin.*

Niebla de Março, agua en la mano o elada en Mayo, *Brouillat de Mars, eau tout promptement, ou gelée en May.*

Ni de lagrimas de puta, ni de fieros de rufian. *Ni de larmes de putain, ni de brauades de rufien. i. ne te ſoucies pas.*

Ni el pié en la loſa, ni creas en her-

E ij

moſa. Ny le pied au tresbuchet, ny ne crois pas à vne belle.

Ni de las flores de Março, ni de la muger ſin empacho. Ny des fleurs du mois de Mars, ny de femme ſans honte. i. n'en fais eſtat.

Ni moça de meſonero, ni coſtal de carbonero. Ny chambriere d'hoſtelier, ny ſac de charbonnier.

Ni olla ſin tocino, ni boda ſin tamborino. Ny marmite ſans lard, ny nopces ſans tabourin.

Ni vayas contra tu ley, ni contra tu Rey. Ny ailles contre ta loy, ny contre ton Roy.

Ni vn dedo haze mano, ni vna golondrina verano. Ny vn doigt fait la main, ny vne arondelle l'Eſté.

Ni trigo de valle, ni leña de ſolombrio, lo vendas à tu amigo. Ny bled de vallée, ny bois de lieu ombrageux, ne le vends à ton amy.

Ny yerua enel trigo, ni ſoſpecha enel amigo. Ni mauuaiſe herbe parmy le bled, ni ſoupçon en l'amy.

Ni Sabado ſin ſol, ni moça ſin amor, ni viejo ſin dolor. Ni Samedy ſans Soleil, ni fille ſans amour, ni vieillard ſans douleur.

Ni el embidioſo medrò, ni quien cabe el morò. Ni l'enuieux n'a profité, ni celuy qui pres de luy a demeuré.

Ni al cauallo corredor, ni al hombre rifador, durò mucho el honor. Ni au cheual coureur, ni à l'homme rioteux, n'a gueres duré l'honneur. Rifador ſignifie rioteux, rechigné, grongneur, & noiſeux.

Refranes. Prouerbes.

Ni à la muger que llorar, ni al perro que mear. *Ni à la femme dequoy pleurer, ni au chien que pisser. i. ne manque iamais.*

Ni houero ni rosillo, ni alazan ni morzillo. *Ni aubere, ni moucheté, ni alzan, ni moreau. Rosillo, c'est le cheual qui a la teste mouchetée.*

Ni olla descubierta, ni casa sin puerta. *Ni marmite descouuerte, ni maison sans porte.*

Ninguno traya engaño, que no faltarà quien le arme lazo. *Que personne n'apporte de tromperie, car il ne manquera pas qui luy tende vn laqs.*

Ni ay rodeo sin desseo, ni atajo sin trabajo. *Il n'y a tournoyement sans desir, ni addresse ou accourcissement de chemin sans trauail.*

Ni çapatero sin dientes, ni escudero sin parientes. *Ni cordonnier sans dents, ni escuier sans parents.*

Ni ruyn letrado, ni ruyn hidalgo, ni ruyn galgo. *Ni meschant aduocat, ni meschant gentilhomme, ni meschant leurier.*

Ni espero ni creo, sino lo que veo. *Ie n'espere ni ne croy sinon ce que ie voy.*

Ni por casa ni por viña no tomes muger ximia. *Ni pour maison ni pour vigne, ne prens femme singesse. i. laide & contrefaite comme vn marmot.*

Ni por collejo ni por consejo no desates tu vencejo. *Ni pour assemblée ni pour conseil, ne deslies ton lien. Vencejo c'est vne har ou lien. i. ne te defais pas de ce qui t'est necessaire pour quelque raison qu'on te puisse alleguer.*

E iij

Ni mueras en mortandad, ni juegues en
Nauidad. *Ne meurs en temps de mortalité, ni ne
ioüës à la feste de Noel.* Porque no se puede
hazer bien la cosa en que muchos entre-
uienen.

Ni pesca cabo rio, ni viña cabo camino.
*Ni pescherie pres de riuiere, ni vigne pres d'vn
chemin.* Pesca se doit entendre pour vn estang ou
viuier.

Ni vēdas à tu amigo, ni del rico compres
trigo. *Ne vends à ton amy, ni du riche n'achetes
bled.*

Ni hagas del queso barca, ni del pan S.
Bartolome. *Ne fais du fromage vne barque, ni
du pain S. Barthelemy. i. ne creuses l'vn, & n'es-
croutes pas l'autre.*

Ni al gastador que gastar, ni al lazerado
que endurar. *Ni au despensif que despendre, ni
au miserable qu'endurer. i. il ne manque point.*

Ni comas mucho queso, ni de moço esperes seso. *Ne manges trop de fromage, ny de
ieune garçon attends du sens.*

Ni te abatas por pobreza, ni te ensalces
por riqueza. *Ne t'auilis pour pauureté, ni ne
t'enorgueillis pour richesse.*

Ni mandes al viejo el bollo, ni al moço
su consonante. *N'ordonnes au vieillard le biscuit, ni au ieune garçon ce qui luy conuient. i. ce
qu'il aime.* Bollo, c'est vn petit pain long fait cōme le biscuit.

Ni baruero mudo, ni cantor sesudo. *Ni
barbier muet, ni chantre discret.* Sesudo signifie
vn homme de bon entendement & auisé.

Refranes.　Prouerbes.　103

Ni à todos dar, ni com necios porfiar. *Ni à tous donner, ni auec fols contester. i. il ne faut pas.*

Ni fies muger de frayle, ni barajes con alcayde. *Ne fies ta femme à vn moine, ni ne ioües aux cartes auec vn chastelain. Barajar signifie mesler les cartes & en iouër: & il se prend aussi pour noiser & quereller.*

Ni en mar tratar, ni à muchos fiar. *Ne trafiquer sur la mer, ni bailler à credit à plusieurs.*

Ni mal sin pena, ni bien sin galardon. *Ni malfaict sans peine, ni bien-faict sans recompense.*

Ni amistad con frayle, ni con monja que te ladre. *Ni amitié auec moine, ni auec nonne qui t'abaye.*

Niña y viña, y peral y hauar, malos son de guardar. *Fille & vigne, iardin de poiriers, & champ de febues, sont mauuais à garder.*

Ni compres de regaton, ni te descuydes en meson. *N'acheptes de regratier, & ne sois nonchalant estant en l'hostellerie.*

Ni muger sin tacha, ni mula sin raça. *Ni femme sans tache, ni mule sans quelque defaut.*

Ni carbon ni leña, no compres quando yela. *Ni charbon ni bois ne l'achetes quand il gele.*

Ni tu lino en tocas, ni tu pan en tortas. *N'employes ton lin en couurechefs, ni ton pain en tourteaux.*

Ni muger de otro, ni coce de potro. *Ni femme d'autruy, ni coup de pied de poulain.*

Ni duermas en prado, ni passes vado. *Ne dors en pré, ni ne passes le gué.*

E iiij

Ni beuas de laguna, ni comas mas de vna azeytuna. *Ne bois point d'eau de lac ou mare, ni ne manges pas plus d'vne oliue.*

Ni compres majada ni viña defmanparada. *N'acheptes loge ni vigne abandonnée.* Majada *c'est vne loge de berger, ou la bergerie.*

Ni communicanda bien cantada, ni manceba de clerigo mal tocada. *Ni postcommunion bien chantée, ni garce de Prestre mal coiffée.*

Ni boda fin canto, ni mortuorio fin llanto. *Ni nopce sans chant, ni mortuaire sans pleurs.*

Ningun dia malo, muerte temprano. *Nul mauuais iour, mort hastiue et de bonne heure.*

Ni fobre Dios feñor, ni fobre negro ay color. *Par dessus Dieu n'y a point de seigneur, ni pardessus le noir point de couleur.*

Ni en tu cafa galgo, ni à tu puerta hidalgo. *Ni en ta maison leurier, ni à ta porte gentilhomme.*

Ni en Ynuierno fin capa, ni en Verano fin calabaça. *Ni en Hyuer sans cappe, ni en Esté sans calebace.* Otros dizen al reues. *Autres disent au contraire:* Ni en Verano fin capa, &c.

Ni de tafcos buena camifa, ni de putas buena amiga. *Voyez:* Ni de eftopa, &c.

Ni à la puta por llorar, ni al rufian por jurar. fub. creas. *Ni à la putain pour pleurer, ni au ruffien pour iurer, ne leur crois pas.*

Ni moça fea ni obra de oro que tofca fea. *Ni ieune fille laide, ni ouurage d'or qui soit grossier:*

Nieblas en alto, aguas en baxo. *Broüillats en haut, eaues en bas.*

No caua de coraçon sino su dueño del huron. *Il ne fouit point de bon cœur sinon le maistre du furon.*

Ne falte voluntad, que no faltara lugar. *Qu'il ne manque point de volonté, car de loisir il n'en manquera pas.* Lugar *signifie lieu & loisir.*

No ay muerte sin achaque. *Il n'y a mort sans achoison.* i. *sans subiect ou cause.*

No es villano el de la villa, sino el que haze la villania. *Celuy n'est pas vilain qui est du village, mais celuy qui fait la vilainie.*

No dexes los pellejos, hasta que vengan los Galileos. *Ne laisses les pelissons iusques à tant que les Galileens viennent.* i. el dia de la Ascension.

No haze poco, quien su mal echa à otro. *Celuy-là ne fait pas peu, qui baille son mal à vn autre.*

No ay ladron sin encubridor. *Il n'y a point de larron sans receleur.*

No es tan brauo el Leon como le pintan. *Le Lion n'est pas si furieux qu'on le peint.*

No pueden al asno, blueluense al aluarda. *Ils ne peuuent rien faire à l'asne, ils se prennēt à son bast. Ou autremēt: Ils ne peuuent aborder l'asne, ils s'addressent au bast.*

No al moco, mas donde cuelga. *Non pas au morueau, mais où il pend.* Que algunas cosas son honrradas por cuyas son, no por ellas. i. *il ne faut pas auoir esgard à la chose, mais à celuy à qui elle appartient.*

No ay boda sin tornaboda. *Il n'y a point de nopces sans banquet apres icelles.*

E v

No cries hijo ageno, que no sabes si te saldra bueno. Ne nourris enfant d'autruy, car tu ne sçais s'il te reüscira bien.

No compres asno de recuero, ni te cases con hija de mesonero. N'achetes point d'asne d'vn muletier, ni ne te maries auec la fille d'vn tauernier. Recuero, c'est vn muletier & asnier tout ensëble: car il meine des asnes & des mulets.

No ay tal hechizo, como el buen seruicio. Il n'y a tel enchantement comme le bon seruice.

No yerra quien à los suyos semeja. Celuy n'erre point qui ressemble aux siens.

No ay secreto que tarde o temprano no sea descubierto. Il n'y a secret qui tost ou tard ne soit descouuert.

No haze poco quien su mal echa à otro. Celuy ne fait pas peu qui iette son mal sur autruy.

No ay ladron sin encubridor. Il n'y a point de larron sans receleur.

No fagas enemiga que no faltara quien te la diga. Ne fais point d'ennemie, car il ne te manquera pas qui te l'appelle.

No te dire que te vayas, mas harete obras con que lo hagas. Ie ne te diray pas que tu t'en ailles, mais ie te feray chose pourquoy tu le faces.

No juego à los dados, mas hago otros peores baratos. Ie ne iouë point aux dez, mais ie fais bien de pires marchez.

No te entremeter en lo que no te atañe hazer. Ne t'entremets en ce qui ne t'appartient de faire.

No se cueze trucho sin conducho. On ne cuit pas la truite sans conduite, i. sans trauail.

No ay santita sin redomita. *Il n'y a petite saincte sans sa petite fiole. Le Fr. Il n'y a si petit sainct qui ne vueille auoir sa chandelle, ou qui n'ait sa chandelle.*

No dize el vmbral sino lo que oye al quicial. *Le sueil ne dit rien sinon ce qu'il oit dire au gond ou piuot.*

No es por el hueuo sino por el fuero. *Ce n'est pas pour l'œuf, mais pour le droict.*

No vienen frieras sino à ruynes piernas. *Les mules ne viennent sinon aux meschâtes iambes. Friera o sauañon, c'est la mule qui vient ordinairement aux talons.*

No es regla cierta pescar con vallesta. *Ce n'est pas reigle certaine, pescher auec l'arbaleste.*

No se nada mas pongome mi perigallo. *Ie ne sçay rien, mais ie mets mon domino. i. mon coqueluchon. Perigallo c'est le Papahigo.*

No ay Regina sin su vezina. *Il n'y a point de Royne sans voisine.* Que no auria grande si no ouiesse pequeños. *Il n'y auroit point de grand, s'il n'y auoit des petits.*

No ay peor sordo, que el que no quiere oyr. *Il n'y a pire sourd q̃ celuy qui ne veut pas oyr.*

No estè la tienda sin alheña. *Que la boutique ne soit pas sans oignement à oindre les cheueux. Alheña est aussi la matiere dequoy on teint les crins & les queuës des cheuaux.*

No entre en tu casa quien ojos aya. *Qu'il n'entre en ta maison personne qui ait des yeux.*

No tiempla cordura, lo que destiempla ventura. *La sagesse n'accorde pas ce que la fortune desreigle.*

E vj

No te de Dios mas mal que muchos hijos y poco pan. *Dieu ne t'envoye point plus de mal que beaucoup d'enfans, & peu de pain.*

No son todos hombres los que mean à la pared. *Ce ne sont pas tous hommes ceux qui pissent contre les murailles.*

No ay mayor duelo que el del alma y del cuerpo. *Il n'y a point de plus grand dueil que celuy de l'ame & du corps.*

No ay peor burla que la verdadera. *Il n'y a pire moquerie que la veritable.*

No con quien nasces, sino con quien pasces. *Non auec qui tu nais, mais auec qui tu repais.*

No auria mala palabra, si no fuesse mal tomada. *Il n'y auroit point de mauuaise parole, si elle n'estoit mal prise.*

No basta ser bueno sino parecerlo. *Il ne suffit pas d'estre homme de bien, mais il le faut faire paroistre.*

No ay mejor espejo, que el amigo viejo. *Il n'y a meilleur miroir que le vieil amy.*

No ay tal hijo como el nascido. *Il n'y a point de tel enfant comme celuy qui est nay de nous.*

No metas las manos entre dos muelas molares, que te prenderan los pulgares. *Ne mets les mains entre deux meules de moulin, car elles te prendront ou serreront les poulces.*

No se haze la boda de hongos, sino de buenos bollos redondos. *On ne fait pas nopces de champignons, mais de bons gasteaux ou pains ronds. Autres mettent* ducados, au lieu

Refranes. Prouerbes. 109

de bollos.

No se hazen las bodas de hongos à solas. *Les nopces ne se font de seuls champignons.*

No salio essa saeta, de essa aljaua. *Ceste fleche n'est sortie de ce carquois.*

No digas mal del año, hasta que sea passado. *Ne dis mal de l'année, tant qu'elle soit passée.*

No ay mayor mal, que descontento de cada qual. *Il n'y a point de plus grand mal, que le mescontentement d'vn chascun.*

No son todos los dias yguales. *Les iours ne sont pas tous esgaux.* Le Fr. *Les iours s'entresuiuent, mais ils ne s'entre-ressemblent pas.*

No de ojos que lloran sino de manos que laboran. sup. se ha de remediar el pobre. *Non pas auec des yeux qui pleurent, mais auec des mains qui labeurent.* sup. *il faut remedier au pauure.*

No cabiamos al fuego y vino mi suegro. *Nous ne pouuions pas tous aupres du feu, & si mon beau-pere est suruenu.*

No se acuerda la suegra que fue nuera. *La belle-mere ne se souuient pas qu'elle a esté bru.*

No es de vero lagrimas en la muger ni coxquear en el perro. *Ce n'est tout à bon, des larmes à la femme, & clocher au chien.*

No ay tal razon, como la del baston. *Il n'y a point de telle raison, comme celle du baston.*

No ay tal doctrina, como la de la hormiga. *Il n'y a telle doctrine, comme celle de la fourmy.*

No te hinchas, y no rebentaras. *Ne t'em-*

plus pas, & tu ne creueras.

No tomes espanto sino del pecado. *Ne t'espouuentes de rien, que du peché.*

No ay tal madre, como la que pare. *Il n'y a point de telle mere, comme celle qui enfante.*

No ay tal regaçada, como la del arada. *Il n'y a telle gironneé, comme celle du labourage.*

No dize el moçuelo, sino lo que oyo tras el fuego. *Le petit enfant ne dit que ce qu'il a ouy dire derriere le feu. i. aupres du feu.*

No nacio el pollo para si solo. *Le poulet n'est pas né pour soy seulement.*

No saques espinas donde no ay espigas. *Ne tires des espines où il n'y a point d'espics. ne tires. i. n'arraches.*

No te alargues à hablar, sin que preceda el pensar. *Ne t'aduances pas de parler, sans que precede le penser.*

No ay casa harta sino donde ay corona rapada. *Il n'y a point de maison saoule, sinon là où il y a vne couronne rasée.*

No es tan gruessa la gallina, que no aya menester à su vezina. *Il n'y a si grasse geline, qui n'ait besoin de sa voisine.*

No da quien quiere, sino quien tiene. *Il ne donne pas qui veut, mais qui a dequoy. Autrement:*

No da quien tiene, sino quiẽ bien quiere. *Ne donne pas qui a dequoy, mais qui bien ayme.*

No es la miel, para la boca del asno. *Le miel n'est pas pour la bouche de l'asne.*

No soy rio, para no boluer à tras. *Ie ne suis pas riuiere pour ne point retourner en arriere,*

Refranes.   Prouerbes.   111

i. pour ne me point desdire si le cas y eschet.

No llueue como atruena. *Il ne pleut pas cōme il tonne.*

No es mucho que pierdas tu derecho no sabiēdo hazer tu hecho. *Ce n'est pas beaucoup que tu perdes ton droict, ne sçachāt faire tō faict.*

No todas vezes pan y nuezes. *Non à chasque fois du pain & des noix.*

No hazella y no temella. *Ne la faire & ne la craindre point.   Autrement:*

No la hagas y no la temas. *Ne la fais et ne la crains*, sup. *la faute & la punition.*

No ay casa harta, do rueca no anda. *Il n'y a point de maisō saoule, où la quenoüille ne va point* i. *si on n'y trauaille, ou s'il n'y a vne femme pour bien mesnager.*

No ay mal sin bien, cata para quien. *Il n'y a mal sans bien, mais regardes pour qui.*

No ay quien haga mal que despues no lo vēga à pagar. *Il n'y a nul qui face mal, qu'apres il ne vienne à le payer.* i. *à en estre puny.*

No herir ni matar, no es couardia sino buen natural. *Ne frapper ni tuer, ce n'est pas couardise, mais vn bon naturel.*

No seras amado, si de ti solo tienes cuydado *Tu ne seras aimé si tu n'as soin que de toi seulemēt.*

No conforma, con el viejo la moça. *La ieune fille ne conuient pas au vieillard.*

No me digas oliua, hasta que me veas cogida. *Ne m'appelles point oliue, que tu ne me voyes cueillie.*

No ruegues à muger en cama, ni à cauallo enel agua. *Ne pries point vne femme au lict, ni vn cheual en l'eau.*

No es buena habla la que todos no entienden. Ce n'est pas bon langage celuy que tous n'entendent. i. il ne faut point parler ambiguement.

No ay olla tan fea, que no halle su cobertera. Il n'y a marmite si laide qui ne trouue son couuercle.

No haze poco quien su casa quema, espanta los ratones y se escalienta à la leña. Celuy ne fait pas peu qui brusle sa maison, il espouuente les souris, & se chauffe du bois.

No hables sin ser preguntado, y seras estimado. Ne parles sans estre interrogé, & tu seras estimé.

No ay mejor bocado que el hurtado. Il n'y a meilleur morceau que celuy qui est desrobé.

No nasció quien no erró. Nul n'est nay qui n'ait failly. Nemo sine crimine viuit.

No ay hombre sin nombre, ni nombre sin renombre. Il n'y a homme sans nom, ni nom sans renom.

No te sobre que te quiten, ni falte paraque pidas. N'en ayes tant de reste que l'on t'en oste, ni n'en ayes si peu qu'il t'en faille demander. i. de moyens.

No come mi tia y caga cada dia. Ma tante ne mange point, & chie tous les iours.

No te metas en contienda, no te quebraran la cabeça. Ne te mets point en debat, & on ne te rompra point la teste.

No veas mi fuego, y no veras que cuego. Ne vois pas mon feu, & tu ne verras ce que ie cuis.

Refranes.   Prouerbes.   113

No ay tal caldo, como el çumo del guijarro. *Il n'y a point de tel chaudeau comme le suc du caillou.* i. agua. *de l'eau, mais il faut entendre de roche.*

No veo manca, que no hiziesse manta, si tuuiesse lana. *Ie ne voy point de manchotte, qui ne feist bien vne couuerture, si elle auoit de la laine.*

No engendra consciencia, quien no tiene verguença. *Celuy n'engendre conscience, qui n'a point de honte.*

No quiebra delgado sino gordo y mal hilado. *Le delié ne rompt pas, mais le gros & mal filé.*

No ay cosa que tanto asga como la çarça. *Il n'y a rien qui happe tant comme la ronce.*

No fio nada hasta mañana. *Ie ne preste rien iusques à demain.*

No pesques con anzuelo de oro, ni caualgues en potro nouo, ni tu muger alabes à otro. *Ne pesches auec vn hameçon d'or, ne cheuauches vn ieune cheual, ni ne loües ta femme à vn autre.* Pescar con anzuelo de oro, s'entend icy obtenir quelque chose par argent, en subornant quelqu'vn: aussi de pescher auec vn hameço d'or, si le filet venoit à se rompre, le ieu ne vaudroit pas la chandelle.

No es todo oro lo que reluze. *Le Fr. Tout ce qui reluit n'est pas or.*

No es buen huyr en çancos. *Il ne fait pas bon fuir auec des eschasses.*

Noche tinta blanco el dia. *La nuict rouge ou colorée, le iour blanc.* i. *clair.*

No estes mucho en la plaça, ni te rias de quien passa. *Ne te tiens long temps en la place, ni ne te ris de celuy qui passe.*

No se puede hazer à la par sorber y soplar. *On ne peut pas tout à la fois humer & souffler.*

No te hagas mandador, donde no fueres señor. *Ne te fais pas commandeur, ou tu ne seras seigneur.*

Ni tomes consejo de tu riqueza, con el hombre que esta en pobreza. *Ne prens conseil touchant ta richesse, d'vn homme qui est en pauureté.*

No seas perezoso, y no seras desseoso. *Ne sois paresseux, & tu ne seras desireux.*

No se toman truchas à bragas enxutas. *On ne prend pas les truites, les brayes seiches.*

No ay mal tan lastimero como no tener dinero. *Il n'y a mal si douloureux comme n'auoir point d'argent. Le Fr. Faute d'argent c'est douleur non-pareille.*

No ay mejor çurujano, que el bien acuchillado. *Il n'y a point de meilleur Chirurgien, que celuy qui est bien balafré.*

No es bueno caçar por monte traqueado. *Il ne fait bon chasser par vne montagne trop frequentée.*

No puede gozar lo suyo, el que pena por lo ageno. *Celuy ne peut iouyr du sien, qui se peine pour celuy d'autruy.*

No es pobre el que tiene poco, mas el que codicia mucho. *Celuy n'est pas pauure qui a peu, mais celuy qui desire beaucoup.*

Refranes. *Prouerbes.* 115

No me llames bien hadada, hasta que me veas enterrada. *Ne m'appelles point bien-heu-heureuse, tant que tu me voyes enterrée.* Nemo fœlix ante obitum.

No es todo vero lo que dize el pandero. *Ce n'est pas verité tout ce que dit le tambour. Pandero, c'est vn tambour de biscaye.*

No ay mal, que el tiēpo no aliuie su tormēto. *Il n'y a mal, que le tēps n'en allege le tourmēt.*

No diga nadie, d'esta agua no beuere. *Que personne ne dise, Ie ne boiray pas de ceste eau.*

No hizo Dios à quien desmamparasse. *Dieu n'a fait personne pour l'abandonner.*

No puede ser mas negro, que sus alas el cueruo. *Le corbeau ne peut estre plus noir que ses ailes.*

No le quiere mal, quien hurta al viejo lo que ha de cenar. *Celui ne veut mal au vieillard qui luy desrobe ce qu'il doit souper.*

No ay tal testigo como buen moduelo de vino. *Il n'y a point de tel tesmoin comme vn bon baril de vin. Moduelo, c'est ce que le Latin dit modium, ou modiolum, qui est vne certaine mesure ou tonneau, que nous appellons vn muid.*

No ay mal año por piedra, mas guay de quien acierta. *Il n'y a point de mauuaise année par gresle, mais mal-heureux est sur qui elle tombe.*

No pidas al olmo la pera pues no la lleua. *Ne demādes la poire à l'orme, puis qu'il ne la porte.*

No ay generacion, do no ay puta o ladron. *Il n'y a generation où il n'y ait putain ou larron.*

No he miedo à frio, ni à elada, sino

à lluuia porfiada. Ie n'ay point de peur du froid ni de la gelée, mais ie crains la pluye opiniastre.

No es nada, sino que matan à mi marido. Ce n'est rien, sinon que l'on tuë mon mary. Le Fr. Ce n'est rien, c'est vne femme qui se noye.

No ay peor Abad, que el que monge ha estado. Il n'y a pire Abbé, que celuy qui a esté moine.

No lo ha de hebre, sino de siempre. Il ne l'a pas de fiebure, mais de tousiours.

No ay mejor maestra que necessidad y pobreza. Il n'y a point de meilleure maistresse que la necessité & pauureté.

No es mala la muerte haziendo lo que deue. La mort n'est pas mauuaise en faisant ce qu'elle doit.

No ay manjar que no empalague, ni vicio que no enhade. Il n'y a viande qui ne desgouste, ni vice qui n'ennuye. Vicio signifie quelquesfois l'aise & delices. Le Fr. On se saoule bien de manger tartes.

No alabes hasta que prueues. Ne louës point tant que tu ayes esprouué.

No perdona el vulgo, tacha de ninguno. Le vulgaire n'espargne la faute de personne.

No pone la gallina del gallo, sino del papo. La poule ne pond pas du coq, mais du iabot.

No me echeys agua enel vino que andan gusarapas por el rio. Ne me mettez point d'eau au vin, car il y court des vers par la riuiere. Gusarapas, ce sont insectes d'eau.

No ay tal piñonada como cara à cara. Il n'y a point de telle caresse comme face à face. Pi-

Refranes.   Prouerbes.   117
ñonada es torta de piñones.

No me hagas besar, no me haras pecar. *Ne me fais point baiser, tu ne me feras point pecher.*

No diga la lengua por do pague la cabeça. *Que la langue ne dise point chose que la teste paye.*

No arriendes al cuytado, rentas ni cauallo. *Ne bailles à loyer au miserable, ni rente ni cheual. Arrendar se doit icy entendre de deux sortes, l'vne, bailler à rente, & l'autre, attacher vn cheual par les resnes.*

No te allegues à los malos, no sean aumentados. *Ne t'accostes pas des meschans, de peur que leur nombre ne s'augmente.* i. *que tu ne deuiennes meschant comme eux.*

No venga à la vega, lo que dessea la rueda. *Ne viëne à la campagne ce que desire la rouë.* i. seco, *le sec.*

No ay plazer que no enhade, y mas si cuesta de balde. *Il n'y a plaisir qui n'ennuye, & plus s'il ne couste rien.*

No hiere Dios con dos manos que à la mar hizo puertos y à los rios vados. *Dieu ne frappe point à deux mains, car à la mer il a fait des ports, & aux riuieres des guez.*

No te arrojes en casa agena, toca de fuera y espera. *Ne te lances en la maison d'autruy, bucque de dehors, & attends.*

No ay piedra berroqueña, que dende à vn año non ande lisa al passamano. *Il n'y a pierre si raboteuse, qui au bout d'vn an ne se polisse en passant la main par dessus.*

No ay cerradura, si es de oro la ganzua. *Il n'y a serrure qui ferme, si le crochet est d'or. Ganzua, c'est vn roßignol à ouurir les serrures.*

No seays hornera, si teneys la cabeça de manteca. *Ne soyez fourniere, si vous auez la teste de beurre.*

No es nada la meada y calaua siete colchones y vna fraçada. *La pißée n'est rien, mais elle trauersoit sept matelats & vne couuerture.*

Nunca los ausentes se hallaron justos. *Iamais les absens ne se trouuerent iustes.*

Nunca buena olla, con agua sola. *Iamais ne se fit bon potage auec de l'eau seule.*

Nunco os acontesca, la cama tras la puerta. *Iamais ne vous aduienne d'auoir le lict derriere la porte.*

Nunca pidas à quien tiene, sino à quien sabes que te quiere. *Iamais ne demandes à qui a dequoy, mais à qui tu sçais qui t'aime bien.*

Nuestros padres à pulgaradas, y nosotros à braçadas. sup. gastamos la hazienda. *Nos peres à poulcées, & nous autres à braßées: adiaustes-y, nous despensons.*

No por el beso sino por el bezo. *Non pour le baiser, mais pour la bonne accoustumance.*

Nunca laue cabeça, que no me saliesse tiñosa. *Iamais ie ne lauay teste, qui ne me deuinst tigneuse. Faire plaisir aux ingrats.*

Nunca el juglar de la tierra, tañe bien en la fiesta. *Iamais le menestrier de la ville ne iouë bien à la feste. Tañer, c'est iouër d'instrumens, sonner.*

Nueuo Rey, nueua ley. *Nouueau Roy, nouuelle loy.*

Refranes. Prouerbes. 119

Nunca esperes, que haga tu amigo lo que tu pudieres. *N'attends iamais que ton amy face ce que tu pourras faire toy-mesme.*

Nunca mucho costo poco. *Iamais beaucoup ne cousta peu.*

Nuestro Alcade, nunca da passo de balde. *Nostre Preuost ne fait iamais vn pas pour neant.* Le Fr. *Toute peine merite salaire.*

O

Obras son amores que no buenas razones. *Amours ce sont œuures, & non pas bonnes raisons. i. de beaux discours.*

Obra hecha dinero espera. *Besongne faite attend de l'argent.*

Obra de comun, obra de ningun. *Ouurage de commun, ouurage de nul.* Le Fr.
Qui sert commun, nul ne le paye,
Et s'il defaut chacun l'abbaye.

Obreros à no ver, dineros à perder. *Ouuriers à ne voir point, c'est argent à perdre. La presence du maistre est bien requise par tout.*

O calçà como vestis, o vesti como calçays. *Ou vous chaussez comme vous estes vestu, ou vous vestez comme vous estes chaussé.*

O con oro, o con plata, o con visnaga, o con nonada. *Ou auec or, ou auec argent, ou auec du daucus, ou auec rien.* sup. *nettoyes ou cures tes dents. Visnaga, c'est de l'ache sauuage.*

Olla que mucho cueze hambriento espera. *Marmite qui cuit long temps, attend vn qui a faim.*

Olla que mucho hierue sabor pierde.
*Marmite qui long temps boult, perd sa saueur.
Autres disent* Sazon pierde. Sazonar *signifie
assaisonner vne viande.*

Olla cabe tizones ha menester cobertera, y la moça do ay garçones la madre sobre ella. *Marmite pres des tisons a besoin de couuercle, & la fille où il y a des garçons la mere pardessus elle. i. doit auoir l'œil sur elle.*

Olla sin sal, haz cuenta que no tienes
manjar. *Potage sans sel, fais estat que tu n'as pas
à manger: parce qu'il n'y a pas grand goust.*

Olla de muchos, mal mexida y peor cozida. *Marmite de plusieurs mal assaisonnée, &
encor pis cuite.*

O morira el asno, o quien le aguija. *Ou
l'asne mourra, ou celuy qui le pique.*

O es deuoto o loco, quien habla consigo
solo. *Ou c'est vn deuot ou vn fol, celuy qui parle
à luy tout seul.*

O es loco o priuado, quien llama apres-
surado. *Ou c'est vn fol ou vn bien priué, qui appelle quelqu'vn en haste.* Llamar *s'entend icy
pour frapper à la porte.*

Onça de estado libra de oro. *Once d'estat
& vne liure d'or.* Que sea menos el fausto
que la hazienda. *Que la piaffe soit moindre que
les moyens. Le François a vn prouerbe à ce propos
contre les piaffeurs, qui dit: Tout estat, & rien au
plat.*

Oficio de manos, no lo parten herma-
nos. *L'office ou art des mains, les freres ne le par-
tagent point.*

Ofrecer

Refranes.　　Prouerbes.　　121

Ofrecer mucho à quien poco pide especie es de negar. *Offrir beaucoup à vn qui peu demande, c'est vne espece de refus.*

Beaucoup offrir à vn qui peu demande,
C'est luy nier tout à plat sa demande.

Ora por as, ora por tria señores de la Monarquia. *Ores par as, ores par ternes, il est seigneur de la Monarchie.*

Ojos malos à quien los mira pegan su malatia. *Les yeux malades à qui les regarde attachent leur maladie.*

Ojos ay que de lagañas se enamoran. *Il y a des yeux qui de chassie deuiennent amoureux.*

Oyr ver y callar, rezias cosas son de obrar. *Ouyr, voir, & se taire, ce sont choses fortes à faire.*

Oy putas, mañana comadres. *Auiourd'huy putains, demain commeres.*

O rico o pinjado. *Ou riche ou pendu.*

Oro es lo que oro vale. *C'est or ce qui vaut or.* Le Fr *C'est argent qu'argent vaut. Ou, Tout bois vaut busches.*

Oueja que bala bocado pierde. *Brebis qui beele, perd vn morceau.*

Oueja harta de su rabo se espanta. *Brebis saoule, s'espouuente de sa queuë.*

Ouejas bobas, por do va vna van todas. *Brebis sottes par où l'vne va, elles vont toutes.*

Oueja cornuda requiere tu cordero que en hora mala topaste con pastor carauero. *Brebis cornuë recherche ton aigneau, qu'à la maleheure as tu rencontré vn berger discoureur.* Carauero se dit de Caraua, qui signifie vne assem-

F

blée de bergers & de payſans és iours de feſte, pour
deuiſer & paſſer le temps.

 Oueja cornuda, y vaca barriguda, no la
trueques por ninguna. *Brebis cornuë, & vache ventruë, ne la changes pour vne autre.*

 Oueja de caſta, paſto de gracia, hijo de
caſa. *Brebis de race, repas gratis, enfant de la maiſon.*

 Ouejitas tiene el cielo, o ſon de agua, o
ſon de viento. *Brebietes y a au ciel, où elles ſont
d'eau ou de vent. i. ſignifient vent ou pluye.* Ouejitas, *ce ſont des nuages drus, comme quãd le ciel
eſt pommelé.*

P

 Palabras y pluma el viento las lleua. O-
tros dizen, las tumba. *Les paroles & la plume, le vent les emporte.* Tumbar, *ſignifie rouler,
vireuolter, faire en voulte.*

 Palabra echada mal puede ſer retornada.
Parole dite ne peut eſtre retractée.

 Palabra de boca, piedra de honda. *Parole
ſortie de la bouche, c'eſt vne pierre iettée auec la
fonde.*

 Pagaſe el Rey de la traycion, mas no de
quien la haze. *Le Roy ſe paye. (i. ſe contente ou
ſe plaiſt) de la trahiſõ, mais nõ de celuy qui la fait.*

 Papel y tinta dinero cueſta. *Papier & encre couſtent de l'argent.* D'autres diſent: Señora
dadme reſpueſta, que papel y tinta dinero
cueſta. *Madame donnez moy reſponſe, car le papier, &c.*

Refranes. Prouerbes.

Paſſo à paſſo van à lexos. *Pas à pas on va bien loing.*

Padre viejo y manga rota, no es deshonrra. *Pere vieil & manche deſchirée, ce n'eſt pas deshonneur.*

Pan puxa, que no yerua mucha. *Le pain donne force, & non pas grand quantité d'herbe.* Que el pan pone fuerça no la hortaliza. Hortaliza, *ou*, ortaliza, *ce ſont herbes que l'on met au pot.*

Paño con paño, y la ſeda con la mano. *Drap auec drap, & la ſoye auec la main.* ſup. *ſe doit nettoyer.*

Panadera erades antes, aunque agora traeys guantes. *Vous eſtiez boulengere par cy-deuant, encor qu'à ceſte heure vous portiez des gands.*

Para mi no puedo, y deuanare para mi ſuegro. *Ie ne peux pour moy, & ie deuideray pour mon beau-pere.*

Pan à hartura y vino à meſura. *Pain à ſuffiſance, & du vin par meſure.*

Pan ageno caro cueſta. *Le pain d'autruy couſte bien cher.*

Pan reuanado, ni harta viejo ni muchacho. *Pain coupé par leſches, ne ſaoule vieil ni ieune*

Paz y paciencia, y muerte con penitēcia. *Paix & patience, & mort auec penitence.*

Para proſpera vida arte orden y medida. *Pour auoir vie heureuſe, il faut art, ordre & meſure*

para tu muger empreñar no deues à otro buſcar. *Pour engroſſir ta femme, il ne te faut pas chercher vn autre.*

F ii

Para el mal que oy acaba, no es remedio el de mañana. *Pour le mal qui auiourd'huy prend fin, le remede de demain ne vaut rien.* Acabar, icy s'entend actiuement, & signifie matar, tuer.

Para ti la del rabi. *C'est pour toy la partie de la queuë.* Rabo, c'est la queuë & le cul.

Paño ancho y moço fiel, hazen rico al mercader. *Drap large & garçon fidele, font riche le marchand.*

Para horno caliente, vna tamara solamēte. *Pour vn four chault, vne bourrée seulement.* Vne bourrée, c'est vn fagot de menuës branches.

Passa la fiesta y el loco resta. *La feste se passe, & le fol demeure.*

Pan tremes ni lo comas ni lo des, mas guardalo para Mayo, y comeras del buen bocado. *Bled de Mars, ne le manges ni ne donnes, mais gardes-le pour le mois de May, & tu en mangeras vn bon morceau:* c'est à dire le bled semé au mois de Mars.

Parte Nicolas para si lo màs. *Nicolas fait les parts, il prend la meilleure pour soy.*

Paga lo que deues, sanaras del mal que tienes. *Payes ce que tu dois, tu guariras du mal que tu as.* Autrement:

Paga lo que deues, sabras lo que tienes. *Payes ce que tu dois, tu sçauras ce qui est à toy.*

Palabra y piedra suelta, no tiene buelta. *Parole & pierre laschée ne retourne point.*

Pariente à la clara, el hijo de mi hermana. *Parent tout à clair, le fils de ma sœur.*

Palabras de santo, y vñas de gato. *Paroles de sainct, & griffes de chat.*

Refranes. Prouerbes. 125

Para el carro y mearan los bueyes. *Arrestes le chariot, & les bœufs pisseront.*

Passo solia, y vino mal pecado. *Le bon temps est passé, & le mal heur est venu. Ce prouerbe ne se peut autrement expliquer ni entendre que pour les regrets du bon temps passé, & de la douleur du mal present.*

Palacio gran cansancio. *La court c'est vn grand tourment. Cansancio, signifie lassitude.*

Pan nacido nunca perdido. *Bled venu n'est iamais perdu.*

Padre no tuuiste, madre no temiste, hijo mal desperecistе. *Tu n'as plus eu de pere, & n'as pas craint ta mere, mon fils tu as mal finy.*

Para vender haz orejas de mercader. *Pour vendre fais oreilles de marchand.*

Pastor bueno pastor malo, por vn passo burre quarto. *Bon pasteur ou mauuais pasteur, pour vn pas en fait quatre.*

Paxaro triguero no entres en mi granero. *Oiseau blattier n'entre en mon grenier.*

Pan de boda carne de buytera. *Le pain de la nopce, c'est chair de piege à vaultours: parce qu'il couste cher à qui le mange.*

Pan casero siempre es bueno. *Pain de la maison est tousiours bon.*

Pato y ganso y ansaron, tres cosas suenan y vna son. *Oyson, oye & iars, sonnent trois choses, & ne sont qu'vne.*

Para bien tirar cerca la pluma del tedal. *Pour bien tirer approche la plume du bout de la fleche & pres de la coche.*

Para vn traydor dos aleuosos. *Pour vn*

F iij

traiſtre deux deſloyaux.

Para la yra en hoto de tira mira. Pour la colere ou pour l'ire, regardés à t'enfuyr.

Parte Martin, y ten para ti. Martin fais les parts, & gardes-en pour toy. Le Fr Il eſt bien ſol qui s'oublie.

Partir como hermanos lo mio mio, lo tuyo de entrambos. Partir comme freres, le mië eſt mien, & le tien eſt à nous deux.

Pariente oluidado, à la noche es combidado. Le parent oublié, au ſouper eſt prié.

Pan con ojos, y queſo ſin ojos. Le pain auec des yeux, & le fromage ſans iceux.

Paños luzen en palacio que no hijos dalgo. Les habits reluiſent en court, & non pas les gentils-hommes.

Pan del vezino quita el haſtio. Le pain du voiſin oſte le chagrin. i. l'on aime mieux manger le pain d'autruy que le ſien.

Pan caliente hambre mete. Le pain chaud fait auoir faim, ou baille de l'appetit.

Paſſò pudiſte, vino querras, entonces no quiſiſte agora no podras. Tu as peu eſt paſſé, tu voudras eſt venu, alors tu ne voulus pas, maintenant ne pourras.

Pan de ayer, carne de oy, y vino de antaño traen al hombre ſano. Pain d'hier, chair d'auiourd'hui, & vin d'antan, font l'homme ſain.

Pagaſe el ſeñor de la chiſme, mas no de quien la dize. Le ſeigneur ſe plaiſt au rapport, mais non pas à celuy qui le fait. Autrement: Le ſeigneur prend plaiſir à la bourde, mais non pas à celuy qui la dit.

para lo bueno de peña, y para lo malo de cera. *Pour faire le bien dur comme vn rocher, & pour le mal mol comme cire.* i. *aspre à l'vn, & lasche a l'autre.*

palabra de Satanas que la tuya no torne atras. *Parole de Satan, c'est dire que la tienne ne retourne arriere.* No es dicho de Christiano: Mi palabra no ha de yr atras. *Ce n'est pas vn dit de Chrestien: Ma parole ne retourne point en arriere.* i. *Ie ne me desdis, ou ne reuoque point ma parole: cela s'entend du mal.*

pensar muchas y hazer vna. *Penser plusieurs & en faire vne.*

pereza no laua cabeça, y si la laua no la peyna. *Paresse ne laue la teste, & si elle la laue, elle ne la peigne.*

peor es la moça de casar que de criar. *La fille est plus mal-aisée à marier qu'à esleuer.*

pedro porque atiza? por gozar de la ceniza. *Pourquoy est-ce que Pierre attise? c'est pour en auoir la cendre.*

perro ladrador, nunca buen mordedor. *Chien abbayeur iamais n'est bon mordeur. Le Fr. Chien qui abbaye ne mord pas.*

perro alcuzero, nunca buen conejero. *Chien cuisinier, n'est iamais bon chasseur.*

perdiendo tiempo, no se gana dinero. *En perdant le temps, on ne gaigne point d'argent.*

pequeñas rajas encienden el fuego, los gruessos maderos lo sostienen. *Petits esclats allument le feu, les grosses busches l'entretiennent.*

pera que dize Rodrigo, no vale vn higo. *Poire qui dit Rodrigue ne vaut vne figue.* i. pera

F iiii

que rechina entre los dientes.

Peso y medida quitan al hombre de fatiga. *Poids & mesure ostent l'homme de peine.* i. *le bon ordre & bon mesnage.*

Pereza llaue de pobreza. *Paresse est la clef de pauureté.*

Penseme santiguar y quebreme el ojo. *Ie pensois me seigner, & ie me suis creué l'œil: Seigner veut dire faire le signe de la Croix.*

Pelean los ladrones y descubrense los hurtos. *Les larrons s'entre-battent, & les larcins se descouurent.*

Pescador de anzuelo, à su casa va con duelo. *Le pescheur à la ligne, s'en retourne au logis tout dolent. Anzuelo, c'est l'haim ou hameçon, & la ligne se dit vara.*

Pescado cecial ni haze bien ni mal. *Poisson de saline ne fait bien ni mal. Cecial, c'est du merlus ou stocfiche.*

Perro que lobos mata, lobos le matan. *Vn chien qui ... les loups, les loups le tuent en fin.*

Perro lanudo muerto de hambre y no creydo de ninguno. *Chien velu ou barbet meurt de faim, & personne ne le croit.*

Perdido es quien tras perdido anda. *Celuy-là est perdu qui suit vn autre perdu.* i. *desbauché.*

Pelea de hermanos, alheña en manos. *Combat de freres, de l'any entre les mains. Alheña c'est la couleur dequoy on teint les crins & queuës des cheuaux.*

Pescador de vara, mas come que gana. *Pescheur à la ligne, mange plus qu'il ne gaigne.*

Refranes. Prouerbes.

Penso llegar à mirabilia y quedose en defecit. *Il a pensé arriuer à mirabilia, & il est demeuré à defecit.*

Pellejo de oueja tiene la barua queda. *Peau de brebis tient le menton coy. i. la fourrure garde de trembler de froid.*

Peras de vino, y de durazno el vino. *Les poires de vin ou vineuses, & le vin de la pesche. i. où la pesche a esté.*

Pedir sobrado por salir con lo mediano. *Faut demander excessiuement, pour en remporter mediocrement.*

Perdido ha la rucia los saltos. *La iument a perdu ses saults.*

Piensan los enamorados que tienen los otros los ojos quebrados. *Les amoureux pensent que les autres ayent les yeux creuez.*

Piensa el ladron que todos sean de su condicion. *Le larron pense que tous soient de sa condition.*

Pierde el que viene, y mas el que los manteles tiende. *Celuy qui vient perd, mais plus perd celuy qui met la nappe.*

Pierde se lo bien ganado, &c. *Voyez,* Lo bien ganado, &c.

Pies que son duchos de andar, no pueden quedos estar. *Les pieds qui sont accoustumez d'aller, ne se peuuent tenir à repos.*

Piedra mouediza, nunca moho la cobija. *Le Fr. Pierre qui se remuë n'accueille point de mousse.* Cobijar *signifie couurir.*

Piensa se mi madre, que me tiene muy guardada otro da me cantonada. *Ma mere*

pense qu'elle me garde fort bien, & vn autre me
fait faire vne escapade.

Pleyto y orinal, lleuan el hombre al ospital. Procez & vrinal, menent l'homme à l'hospital. Orinal, veut dire icy la femme, mais il faut entendre la desbordée.

Pierna y pico no hazen vn delito. La iambe & le bec ne font pas vne mesme faute.

Plazera à Dios, y tiempo verna, quales son los amigos por el tiempo parecera. Il plaira à Dieu, & le temps viendra, quels sont les amis auec le temps il paroistra.

Pleyto bueno pleyto malo, el escriuano de tu mano. Procez bon, procez mauuais, le greffier soit fait de ta main, i. soit pour toy.

Planta muchas vezes traspuesta ni crece ni medra. Vne plante plusieurs fois transplantée, ne croist ni ne profite.

Pleyto y orinal en casa de quien quisieres mal. Procez & vrinal, en la maison de celuy à qui tu voudras du mal. Orinal, c'est la femme desbordée ou le medecin.

Por no gastar lo que basta, lo que era escusado se gasta. Pour ne vouloir despendre à suffisance, l'on despend ce dōt on se fust bien passé, ou ce que l'on eust bien peu espargner.

Por agua del cielo no dexes tu riego. Pour eau du ciel, ne laisses ton arrosoir.

Por haziēda agena, nadie pierda cena. Pour affaire d'autruy, que personne ne perde son souper.

Poco daño espanta y mucho amansa. Peu de dommage estōne, & beaucoup adoucit l'hōme.

Por san Francisco se siembra el trigo, la

vieja que lo dezia ya sembrado lo tenia. *A la sainct François l'on seme le bled, la vieille qui le disoit l'auoit desia semé.*

Por san Mathia yguala la noche con el dia. *A la sainct Matthias, la nuict esgale le iour.*

Por sant Andres, todo el tiempo noche es. *A la sainct André, tout le temps est nuict.*

Por san Iuan veremos quien tiene casa. *A la sainct Iean nous verrons qui a maison: parce que c'est le temps qu'on desmesnage.*

Poco vino vende vino, mucho vino guarda vino. *Peu de vin vends du vin, beaucoup de vin gardes du vin.*

Por no perder costumbre, quando te falta hierro, martillas enel yunque. *Pour ne perdre ta coustume, quand tu n'as point de fer, tu frappes sur l'enclume.*

Por mas ayna con aguja sale el espina. *Pour le plus tost, auec l'esguille se tire l'espine, plus aisément: estant l'esguille l'instrument le plus propre, encor qu'elle face vn peu de mal.*

Por temor no pierdas honor. *Pour crainte ne perds ton honneur.*

Por vn ladron pierdẽ ciento meson. *Pour vn larron, cent perdent le logis. Le Fr. Les bons patissent pour les mauuais.*

Poco à poco hila la vieja el copo. *Peu à peu la vieille file sa quenouillée. Copo, c'est vne poupée de lin ou de filace.*

Pocas vezes escardar, pocas espigas al segar. *Peu souuent sarcler, peu d'espics au sier, i. au moissonner.*

Por buscar mas cõtento, tornose tu tiẽpo

viento. *Pour chercher plus de contentement, ton temps s'est tourné en vent.*

Por sol que haga, no dexes tu capa en casa. *Pour soleil qu'il face, ne laisses ton manteau à la maison.*

Por codicia de florin, no te cases con ruyn. *Pour conuoitise de florin. i. de l'argent, ne te maries auec vn meschant.*

Por ser Rey, se quiebra toda ley. *Pour estre Roy, s'enfreint toute loy.*

Por demas es la citola al molino, si el molinero es sordo. *Pour neant est le traquet au moulin, si le meusnier est sourd.*

Por esso es vno cornudo, porque pueden mas dos que vno. *C'est pour cela qu'vn homme est cornard, que deux peuuent plus qu'vn seul.*

Por san Vrban en la mano el gauilan. *A la sainct Vrbain, l'esperuier en la main, ou sur le poing.*

Por mucho que desmienta cada qual, siempre buelue al natural. *Pour beaucoup qu'vn chascun se desmente, tousiours il reuient à son naturel. Se desmentir, c'est à dire se contraindre, & dissimuler son naturel.*

Por todos santos, siembra trigo y coge cardos. *A la Toussaincts, semes du bled, & cueilles des chardons.*

Por el dinero bayla el perro. *Pour de l'argent le chien danse.*

Pon tu auer en concejo, vno dira que es blanco otro que es bermejo. *Mets ton auoir en conseil, l'vn dira qu'il est blanc, l'autre qu'il est*

Refranes. Prouerbes. 133

vermeil. Concejo, c'est vne assemblée de gens pour tenir conseil. ton auoir. i. ton faict. Bermejo c'est la couleur rousse & rouge.

Por la candelera mide tu puchera, y guarda tu ciuera. *A la Chandeleur mesures ton pot, & gardes ton froment.* Puchera, c'est vn pot ou poislon à faire de la bouillie. Autres disent, nanta tu ciuera: nanta veut dire acrecienta, accroist: Aussi seroit il mieux muda, que mide, parce que les iours croissent, & faut dauātage de nourriture.

Por marido Reyna, y por marido mezquina. *Par mary Royne, & par mary mal-heu-heureuse.*

Poco os duelen Don Ximeno, estocadas en cuerpo ageno. *Peu vous deulent Don Ximenes, les estocades au corps d'autruy.*

Ponedme en ronda, si quereys que os responda. *Mettez moy à la ronde si vous voulez que ie vous responde.*

Por Nauidad sol, y por Pasqua carbon. *A Noel du Soleil, & à Pasques du charbon. Le Fr. A Noel au perron, à Pasques au tison.*

Porfiar, mas no apostar. *Debatre ou s'opiniastrer, mais non pas gaiger.*

Por ser conocida, la yglesia quemaria. *Pour estre cogneuë ie brusterois l'Eglise, comme fit Costratus le temple de Diane en Ephese.*

Por soto no vayas tras otro. *Par le bois ne vas apres vn autre.*

Por el hilo sacaras el ouillo, y por lo passado lo no venido. *Par le fil tu tireras le peloton, & par le passé ce qui est à venir.*

Por su mal le busca engaño, el simple al

sabio. *Pour son mal, cherche le simple de tromper le sage.*

Pon la cabeça entre mil, lo que fuere de los otros sera de ti. *Mets la teste entre mille, ce qu'il aduiendra des autres aduiendra de toy.*

Por no perder el vso, lleua la rueca y el huso. *Pour ne perdre coustume, portes la quenoüil le & le fuseau.*

Por Nauidad soleja, por Pasqua sobeja. *A Noel au Soleil, & à Pasques tiens toy à couuert. Le Fr. A Noel au perron, & à Pasques au tison.*

Por falta de gato, està la carne enel garabato. *Par faute de chat, la chair est au crochet.*

Poco y en paz, mucho se me haz. *Peu & en paix, ce m'est beaucoup.*

Por ser humano con el que poco puede, antes se gana que se pierde. *Pour estre humain à l'endroit de celuy qui est foible, l'on gaigne plustost que l'on ne perd.*

Por viejo que sea el varco, passa vna vez el vado. *Pour vieil que soit le bateau, il passe encor vne fois l'eau.* Vado, c'est vn gué.

Por las obras no por el vestido, el hypocrita es conocido. *Par les œuures & non par le vestement l'hypocrite est recogneu.*

Poca sciencia, y mucha consciencia. *Peu de science & bonne conscience.*

Por mejoria, mi casa dexaria. *Pour mieux auoir, ie quitterois ma maison.* Ibi patria vbi benè.

Por mucho madrugar, no amanece mas ayna. *Pour matin qu'on se leue, le iour n'en vient*

Refranes. Prouerbes. 135

pas pluſtoſt.

Por nueuas no peneys, hazerſe han viejas y ſaber las heys. *Ne vous tourmentez pour des nouuelles, car elles deuiendront vieilles, & vous les ſçaurez.*

Por todo Abril no te deſcubrir. *Pour tout Auril, ne te deſcouures pas.*

Porque no juega Pedro? porque no tiene dinero. *Pourquoy ne ioue Pierre? parce qu'il n'a point d'argent.*

Poner la capa, como viniere el viento. *Mettre la cape du coſté que vient le vent.*

Por el alabado, dexe el conocido, y vime arrepentido. *Pour le loué i'ay laiſſe le cogneu, & ie m'en ſuis repenti.*

Por eſſo ſe come toda la vaca, porque vno quiere pierna otro eſpalda. *Et pourtant ſe mange toute la vache, car l'vn veut la iambe, & l'autre l'eſpaule. Le Fr. L'vn veut du dur, l'autre du mol.*

Poner aguja y ſacar reja. *Mettre vne aiguille & en tirer vn ſoc. Reja, ſignifie vn ſoc de charruë, & vn barreau de fer.*

Poca lana y tendida en çarça. *Vn peu de laine & eſtenduë ſur vne ronce ou buiſſon.*

Por las haldas del vicario ſube el diablo al campanario. *Par les pans de la robe du Vicaire le diable monte au clocher.*

Por turbia que eſtè, no digas deſta agua no beuere. *Pour trouble qu'elle ſoit, ne dis point, Ie ne boiray pas de ceſte eau.*

Pobreza, nunca alça cabeça. *Pauureté iamais ne leue la teſte. Pauper vbique iacet.*

Por hazer plazer al sueño, ni saya ni camisa tengo. Pour faire plaisir au sommeil, ie n'ay ny cotte ny chemise.

Poco à poco van à lexos y corriendo à mal lugar. Peu à peu l'on va bien loing, & en courant on va à vn mauuais lieu.

Presto me pondre galan y en breue bolueré à ganapan. Promptement ie me feray braue, & tout court ie redeuiendray crocheteur.

Por ningun tempero, no dexes el camino real por el sendero. Pour quelque temps qu'il face, ne laisses le chemin royal pour le sentier. Le chemin royal, c'est le grand chemin.

Poco mal y bien gemido. Peu de mal & bien plaint.

Presto es dicho lo que es bien dicho. Assez tost est dit ce qui est bien dit. Sat cito si sat bene.

Prometen marido y quitan vestido. Ils promettent vn mary, & despouillent l'habit.

Preguntaldo à Muños que miente mas que vos. Demandez-le à Mugnos qui ment plus que vous. Autres disent dos au lieu de vos. Le Fr. Demandez-le à mon compagnon, qui est aussi menteur que moy.

Prenda que come ninguno la tome. Vn gage qui mange, que nul ne le prenne.

Prudencia es dissimular no querer la cosa no pudiendola alcançar. C'est prudence de dissimuler ne vouloir la chose, ne la pouuant obtenir.

Principio quieren las cosas. Les choses veulent ou requierent vn commencement. Le Fr. Il y

Refranes. Prouerbes. 137

a commencement par tout, Ou, A tout il y a commencement.

Puteria ni hurto, nunca se encubre mucho. *Putasserie ni larcin, iamais ne se celent long temps*

Puta la madre, puta la hija, puta la manta que las cobija. *Putain la mere, putain la fille, & putain la couuerture qui les couure.*

Putas y alcahuetas, todas son tretas: que estan trauadas vnas de otras como las trechas del axedrez. *Putains & maquerelles ce sont toutes des traicts & ruses du ieu des eschets, qui sont attachées l'vne à l'autre, & s'entretiennent.*

Puerta abierta al santo tienta. *La porte ouuerte tente le sainct. Le Fr. L'occasion fait le larron. Voyez, En arca abierta, &c.*

Pues me days el consejo dadme el vencejo. *Puis que vous me donnez le conseil, donnez moy aussi le lien. i. le moyen de faire ce que vous me conseillez.*

Puesto esta el castillo, ciertos son los toros. *La chose est toute asseurée.*

Pues ara el rocin, ensillemos el buey. *Puis que le roussin laboure, sellons le bœuf.*

Puercos con frio, y hombres con vino, hazen gran ruydo. *Les pourceaux auec le froid, & les hommes auec du vin, font grand bruit.*

Pues començastes el cantar aueysle de acabar. *Puis que vous auez commencé la chanson, il vous la faut acheuer.*

Putas en sobrado, galapagos en charco y agujas en costal, no se pueden dissimular.

Putains sur vn plancher, tortuës en vne mare, & des aiguilles en vn sac, ne se peuuent dissimuler. i. celer.

Pues todo lo sabeys vos, y yo no nada, dezime lo que soñaua esta mañana. Puis que vous sçauez tout, & moy rien, dites moy ce que ie songeois ce matin.

Puerta de villa, puerta de vida. Porte de ville, porte de vie. Que en los poblados ay los aparejos para la conseruacion de la vida, no en lo despoblado.

Putas en ventana, y rufianes en la plaça. Des putains à la fenestre, & des rufiés en la place.

Q

Qual pregunta haras, tal respuesta auras. Quelle demande tu feras, telle response tu auras.

Quales baruas, tales touajas. Telles barbes telles touailles ou seruiettes.

Qual te hallo, tal te iuzgo. Quel ie te trouue, tel ie te iuge.

Qual el año, tal el jarro. Quelle est l'année, tel doit estre le pot.

Qual es la campana, tal la badajada. Quelle est la cloche, tel en est le son. Badajada, c'est vn coup de batan de cloche.

Qual el dueño, tal el perro. Tel le maistre, tel le chien. Le Fr. Tel maistre tel valet.

Qual hilamos, tal andamos. Tel que nous le filons, tel nous vestons. i. allons vestus.

Quales palabras te dizen, tal coraçon te

Refranes.   Prouerbes.   139

ponen. *Quelles paroles l'on te dit, tel cœur on te met au ventre.*

Qual el tiempo, tal el tiento. *Quel est le temps, tel doit estre le iugement ou discretion.*

Quales palabras te dixe, tal coraçon te hize. *Quelles paroles ie t'ay dit, tel cœur ie t'ay fait.*

Quando el viejo no puede beuer, la huessa le pueden hazer. *Quand le vieillard ne peut plus boire, on luy peut bien sa fosse faire.*

Quando Dios quiere con todos vientos llueue. *Quand Dieu veut, à tous vents il pleut.*

Quando el diablo reza, engañar te quiere. *Quand le diable dit ses prieres, il te veut tromper. Rezar, c'est dire des oraisons, & murmurer ou grommeler, & parler entre ses dents.*

Quando vn lobo come à vn otro, no ay que comer en el soto. *Quand vn loup mange l'autre, il n'y a que manger au bois. Le Fr. La guerre est bien cruelle quand les loups se mangent l'vn l'autre.*

Quando os pedimos dueña os dezimos, quãdo os tenemos como queremos. *Quãd nous vous demandons, dame vous appellons, mais quand nous vous tenons, c'est cõme nous voulons.*

Quando ay vuas y higos adereça tus vestidos. *Quand il est des raisins & des figues, accoustres tes habillemens.*

Quando pudieres trabajar no lo dexes, aunque no te den lo que mereces. *Quand tu pourras trauailler ne laisses de le faire, encor qu'on ne te donne ce que tu merites.*

Quando vino el orinal, muerto era Iuan.

Pasqual. *Lors que vint l'vrinal, mort estoit Iean Pasqual. Le Fr. Apres la mort le medecin. Orinal se prend icy pour le medecin.*

Quando llueue y haze sol, alegre esta el pastor. *Quand il pleut & fait Soleil, le berger se resiouit.*

Quando atruena en Março, apareja las cubas y el maço. *Quand il tonne en Mars, apprestes les cuues & le maillet. Le François tient le tonnerre en Mars pour mauuais signe, car il dit: Quand il tonne au mois de Mars, nous pouuons bien dire helas!*

Quando el hombre mea las botas, no es bueno para las moças. *Quand l'homme pisse sur ses bottes, il n'est pas propre aux ieunes filles.*

Quando en casa engorda la moça, y al cuerpo el baço, y al Rey la bolsa, con mal anda la cosa. *Quand la fille engraisse à la maison, & la rate au corps, & au Roy la bourse, l'affaire va mal.*

Quando vno no quiere dos no barajan. *Quand l'vn ne veut pas, deux ne iouent point. Barajar signifie mesler les cartes & en iouer.* Vna baraja de naypes, *vn ieu de cartes. Barajar, c'est aussi noiser & quereller, contester sur quelque chose.*

Quando te dieren la cochinilla, accorre con la soguilla. *Quand l'on te donnera la ieune coche, accours y auec la cordelette.*

Quando fueres al roço, no vayas sin calagoço. *Quand tu iras essarter, n'y vas pas sans serpe.*

Quando con sal, quando sin sal. *Tantost*

Refranes. Prouerbes. 141

auec du sel, & tantost sans sel. Tantost bien, tantost mal.

Quando fueres por camino, no digas mal de tu enemigo. *Quand tu iras par pays, ne dis mal de ton ennemy.*

Quando fueres à casa agena, llama à de fuera. *Quand tu iras à la maison d'autruy, appelles de dehors.*

Quando el vil està rico, no tiene pariente ni amigo. *Quand le vilain est riche, il n'a parent ni ami.*

Quando el villano està enel mulo, ni conoce à Dios ni al mundo. *Quand le vilain est sur le mulet, il ne cognoist ni Dieu ni le monde.*

Quando Dios no quiere, el santo no puede. *Quand Dieu ne veut, le sainct ne peut.*

Quando à tu hija le viniere su hado, no aguardes que venga su padre del mercado. *Quand à ta fille viendra sa bonne destinée, n'attends pas que son pere reuienne du marché. Destinée, c'est à dire vn bon party.*

Quando llueue de cierço, llueue de cierto. *Quand il pleut de la bise, il pleut pour tout certain. i. tout à bon.*

Quando todos te dixeren que eres asno, rebuzna. *Si tous te disent que tu es vn asne, brays.*

Quando menguare la Luna, no siembres cosa alguna. *Quand la Lune decroistra, ne semes chose aucune.*

Quando fueres yunque, sufre como yunque, quando fueres martillo, hiere como martillo. *Quand tu seras enclume souffres, com-*

me enclume, quand tu seras marteau frappes comme marteau.

Quando el hierro está encendido, entóces ha de ser batido. *Quand le fer est embrazé, alors il le faut batre.* Le Fr. *Il faut batre le fer tandis qu'il est chaud.*

Quando pobre franco, quando rico auaro. *Franc estant pauure, & auare estant riche.*

Quando el Guardian juega à los naypes, que haran los frayles? *Quand le Gardien iouë aux cartes que feront les moines?*

Quando vieres tu casa quemar llegate à escalentar. *Quand tu verras brusler ta maison, approches toy pour t'y chauffer.* i. *prens en patience le mal où il n'y a point de remede.*

Quando tuuieres vn pelo mas que el pelate con el. *Quand tu auras vn poil plus que luy, peles toy auec luy.* i. *ne t'attaques à plus fort que toy.*

Quando pienses meter el diente en seguro, toparas en duro. *Quand tu penseras mettre la dent au seur, tu rencontreras du dur.*

Quando duermo canso, que me harà quando ando? *Quand ie dors ie me lasse, que sera ce quand ie marche?*

Quando Solano llueue, las piedras mueue. *Quand Solerre pleut, pierres il esmeut.*

Quãdo el cossario promete Missas y cera, con mal anda la galera. *Quãd le corsaire promet des Messes & de la cire il va mal pour la galere.*

Quando la mala ventura se duerme, nadie la despierte. *Quand la mauuaise fortune dort, que personne ne l'esueille.*

Refranes. Prouerbes.

Quando el pece se vee fuera del garlito larga huyda tiene por el rio. *Quand le poisson se void hors de la nasse, il a vne belle & longue fuite par la riuiere.*

Quando el baço crece, el cuerpo emmagrece. *Quand la rate croist, le corps s'amaigrit.*

Quãdo topares con el loco, finge negocio. *Quãd tu rencõtreras vn fol, feins auoir affaire.*

Quando çuga el abeja miel torna, y quãdo el araña ponçoña. *Quand l'abeille succe elle tourne en miel, & l'araigne en venin.*

Quando lo busco nunca lo veo, quando no lo busco he te lo aqui luego. *Quand ie le cherche ie ne le voy iamais, & quand ie ne le cherche pas, le voila tout incontinent.*

Quando la criatura dienta, muerte la tiẽta. *Quand la creature fait des dents, la mort la tente. La creature, c'est le petit enfant de mammelle.*

Quanto mayor es la ventura, tanto es menos segura. *Tant plus est grande la fortune, tant moins elle est seure.*

Quanto sabes no diras, quanto vees no juzgaras si quieres biuir en paz. *Tout ce que tu sçais ne diras, tout ce que tu vois ne iugeras, si tu veux viure en paix.*

Que bonita es la verguença mucho vale y poco cuesta. *O que la honte est biẽ iolie, elle vaut beaucoup & couste peu.*

Que quiera que digan las gẽtes, à ti mismi para mientes. *Quoy que disent les gens, prens garde à toy-mesme.* Consciencia mille testes.

Queredme por lo que os quiero, no me hableys en dinero. *Aimez moy pour autant que* ie vous ayme, & ne me parlez point d'argent.

Quien mal padece, mal parece. Qui endure mal, paroist mal.

Quien tarde se leuanta todo el dia trota. Qui se leue tard, tout le iour trotte. i. est tout le iour en chasse.

Quien todo lo da, todo lo niega. Qui donne tout, refuse tout. Qui donne tout. i. qui promet tout.

Quien pobreza tien, de sus deudos es desden, y el rico, sin serlo, de todos es deudo. Qui la pauureté est en mespris à ses parens, & le riche est parent de tous sans l'estre.

Quien mala cama haze, en ella se yaze. Qui fait vn mauuais lict, il se couche en iceluy.

Quien tiene abeja y oueja, y molino que trebeja, no te pongas con el à la conseja. Qui a des abeilles & des brebis, & vn moulin qui iouë. i. qui va, ne te mets auec luy en la fable. i. ne te prens pas à luy, ou ne te fais pair & compagnon auec luy.

Quien trabaja tiene alhaja. Qui trauaille a du mesnage. i. gaigne de quoy s'accommoder.

Quien no sabe pedir, no sabe biuir. Qui ne sçait demander ne sçait viure.

Quien prende el anguila por la cola, y la muger por la palabra, bien puede dezir que no tiene nada. Qui prẽd l'anguille par la queuë, & la femme par la parole, il peut bien dire qu'il ne tient rien.

Quien mucho habla y poco entiende, por asno le venden en san Vincente. Qui beaucoup parle & peu entend, on le vend pour asne

Refranes.   Prouerbes.   145

asne à sainct Vincent.

Quien mucho habla en algo acierta. Celuy qui parle beaucoup, rencontre en quelque chose.

Quien mucho abarca, poco aprieta. Abarca.i.abraça. Le Fr. Qui trop embrasse, mal estreint.

Querer y no querer, no està en vn ser. Vouloir & ne vouloir, ne sont pas en vn estre. i. ne peuuent estre ensemble.

Quien pesca vn pez, pescador es. Qui pesche vn poisson, est pescheur.

Quien bien està y mal busca, si bien le viene Dios le ayuda. Qui est bien & cherche mal, si bien luy vient Dieu luy ayde.

Quien bien està y mal escoge, por mal que le venga no se enoje. Qui est bien & choisit le mal, pour mal qui luy vienne qu'il ne s'en fasche point.

Quien compra y vende, lo que gasta no siente. Qui achete & vend, ne sent pas ce qu'il despend.

Quien bien come y bien beue, bien haze lo que deue. Qui bien mange & bien boit, il fait bien ce qu'il doit.

Quien se casa por amores, malos dias y buenas noches. Qui se marie par amours, a de bonnes nuicts & mauuais iours.

Quien puede ser libre, no se captiue. Qui peut estre libre, qu'il ne se rende captif. Non bene pro toto libertas venditur auro. Alterius non sit qui suus esse potest.

Quieres que te siga el can, da le pan. Veux tu que le chien te suiue, donnes-luy du pain.

G

Quien mal tiene enel trasero, no puede estar quedo. Qui a mal au derriere ne se peut tenir à repos.

Quien su tiempo gasta en cosas vanas, no vee la muerte que está sobre sus espaldas. Qui employe son temps en choses vaines, ne voit pas la mort qui est sur ses espaules.

Quien bien ama tarde oluida. Qui bien aime tard oublie.

Quien ha de besar al perro enel culo, besele luego. Qui doit baiser le chien au cul, qu'il le face incontinent.

Quien tiene ganado, no dessea mal año. Qui a vn troupeau, il ne desire pas mauuaise année

Quien come de emprestado, come de su saco. Qui mange de l'emprunté, mange de son sac.

Quien ara y cria, oro hila. Qui laboure & nourrit file de l'or.

Quien lo gusta lo tufa, quien no lo gusta lo mufa. Qui le gouste s'en saoule, & qui ne le gouste s'en mocque.

Quien siembra enel camino, cansa los bueyes y pierde el trigo. Qui seme au chemin, il lasse les bœufs, et perd son bled.

Quien quisiere muger hermosa, el sabado la escoja, que no el Domingo en la boda. Qui voudra femme belle, qu'il la choisisse le Samedy, et non pas le Dimanche à la nopce.

Quien en vn año quiere ser rico, al medio le ahorcan. Qui en vn an veut estre riche, à la moitié on le pend.

Quien no se auentura, no anda à cauallo ni à mula. Qui ne s'auanture, ne va à cheual ni

Refranes. Prouerbes. 147

sur mule. Le Fr. Qui ne s'auanture n'a cheual ny mule: & qui trop s'auanture, perd cheual & mule.

Quien lexos se va à casar, o va engañado, o va à engañar. Qui loing se va marier, ou il est trompé, ou bien il va pour tromper.

Quien de todos es amigo, o es muy pobre, o muy rico. Qui de tous est amy, ou il est fort pauure, ou fort riche.

Quien dize lo suyo, mal callara lo ageno. Qui dit le sien, mal taira celuy d'autruy. Le sien veut dire son secret.

Quien siembra en Dios espera. Celuy qui seme, en Dieu espere. Le Fr. On seme les bleds à l'auanture.

Quien mucho duerme lo suyo y lo ageno pierde. Qui dort trop, perd le sien & celuy d'autruy.

Quien su rabo alquila, no se sienta quando quiere. Qui baille son derriere à louage, ne se sied pas quand il veut.

Quien no se osa auenturar, no passa la mar. Qui ne s'ose hazarder, ne passe la mer.

Quien el asno alaba, tal hijo le nasca. Qui louë l'asne, tel fils luy puisse naistre.

Quien fia el dinero, pierde el dinero y el vezero. Qui preste son argent, perd son argent & son chaland.

Quien està en ventura, hasta la hormiga le ayuda. Qui est en heur, iusqu'à la fourmy tout luy ayde.

Quien hijos tiene, razon es que allegue. Quia des enfans, c'est raison qu'il amasse du biē.

Quiē dexa el camino real por la vereda,

G ij

piensa atajar y rodea. *Qui laisse le chemin royal.*
1. le grand chemin pour le sentier, il pense abreger,
& il tournoye.

Quien come y canta de locura se leuanta. *Qui mange & chante tout ensemble, s'accuse de folie.*

Quien deue ciento y tiene ciento y vno, no ha miedo ninguno: Quien tiene ciento y vno y deue ciento y dos, encomiendole à Dios. *Qui en doit cent & en a cent & vn, n'a peur aucune. Qui en a cent & vn, & en doit cent & deux, ie le recommande à Dieu.*

Quien con perros se echa, con pulgas se leuanta. *Qui se couche auec les chiens, se leue auec des pulces.*

Quien amaga y no da, miedo ha. *Qui menace & ne frape, il a peur. Le Fr. Tel menace qui a peur.*

Quien haze por comun, haze por ningun. *Qui fait pour commun ne fait pour nessun. 1. pour nul. Nessun n'est gueres en vsage, mais il peut s'accommoder auec commun.*

Quien no castiga culito, no castiga culazo. *Qui ne chastie culot, ne chastie culasse. 1. il faut chastier en ieunesse.*

Quien quiere tomar, conuiene le dar. *Qui veut prendre il faut qu'il donne.*

Quien las cosas mucho apura, no viue vida segura. *Qui trop espluche les choses, n'a pas vne vie asseurée.*

Quieres hazer del ladron fiel, fia te del. *Veux tu rendre le larron fidele, fies toy en luy.*

Quieres hazer de tu pleyto coxo sano?

Refranes. Prouerbes.

contenta al escriuano. *Veux-tu faire droit ton procez boiteux? contente le greffier. Voyez,* Pleyto bueno, pleyto malo.

Quien canta sus males espanta. *Qui chante, ses maux espouuente.*

Quien no adoba gotera adoba casa entera. *Qui n'adoube vne goutiere, adoube la maison entiere. Adouber, c'est r'accoustrer.*

Quien à bue͂ arbol se arrima, buena sombra le cobija. *Qui s'appuye à vn bon arbre, vn bo͂ ombre le couure.*

Quien malas mañas ha en la cuna o las pierde tarde o nunca. *Qui a de mauuaises accoustumances au berceau, il les laisse tard, ou iamais.*

Quien en mal anda, en mal acaba. *Qui verse mal, finit mal.*

Quien bien te hara, o se te yra o se mo͂rira. *Qui bien te fera, ou il s'en ira, ou bien il mourra.*

Quien bien me haze esse, es mi compadre. *Qui bien me fait, celuy-là est mon compere.*

Quien clauo no quita, cuelga mas ayna. *Qui n'oste le clou, pend plus promptement.*

Quien no oye razon, no haze razon. *Qui n'escoute raison, ne fait point de raison.*

Quien rastrea, algo hotea. *Qui cherche à la trace, espie ou guette quelque chose.*

Quien te mostro remendar? hijos menudos y poco pan. *Qui t'a monstré à rapieceter? beaucoup d'enfans & peu de pain.*

Quien come las duras, comera las maduras. *Qui mange les dures, mangera les meures.*

G iij

Quien no tiene contento, no halla buē assiento. *Qui n'a contentement, ne trouue point de bonne assiette, c'est à dire d'arrest.*

Quien guarda su puridad, escusa mucho mal. *Qui garde sa pureté, euite beaucoup de mal.*

Quien el Sabado va al aceña, el Domingo tiene mala huelga. *Qui va le Samedy au moulin, il a mauuais repos le Dimanche.*

Quien no tiene calças en Enero, no fies del tu dinero. *Qui n'a point de chausses en Ianuier, ne luy prestes pas ton denier. i. ton argent.*

Quien la miel trata siempre se le apega della. *Qui manie le miel, il s'en attache tousiours quelque chose à ses doigts.*

Quien calla piedras apaña. *Qui ne dit mot empoigne des pierres.*

Quien guarda halla. *Qui garde il trouue. On adiouste, y guardaua la caxcarria, & gardoit les ordures de la maison.*

Quien ha officio ha beneficio. *Qui a mestier a benefice.*

Quien come y dexa, dos vezes pone mesa. *Qui disne & laisse, deux fois met la nappe.*

Quien desparte lleua la peor parte. *Qui fait les parts, en a la pire pour soy.*

Quien de mucho mal es ducho, poco bien le abasta. *Qui est duit à beaucoup de mal, peu de bien luy suffit. qui est duit. i. qui est accoustumé d'auoir.*

Quien mal enhorna saca los panes tuertos. *Qui mal enfourne, tire les pains cornus.*

Quien antes nasce, antes pasce. *Qui premier naist, premier paist.*

Refranes. Prouerbes. 151

Quien mucho mira poco hila. Qui beaucoup muse, peu file.

Quien de los suyos se alexa Dios le dexa. Qui des siens s'esloigne, Dieu l'abandonne.

Quien à treynta no tiene seso, y a quarenta no es rico, rapalde del libro. Qui à trete ans n'a du sens, & à quarante n'est riche, effacez-le du liure.

Quien à veynte no es galan, ni à treynta tiene fuerça, ni à quarenta riqueza, ni à cinquenta esperiencia, ni sera galan, ni fuerte, ni rico, ni prudente. Qui à vingt ans n'est mignon, ni à trente n'a de la force, ni à quarante richesse, ni à cinquante experience, il ne sera ni mignon, ni vaillant, ni riche aussi, ni prudent.

Quien al cielo escupe, en la cara le cae. Qui crache contre le ciel, il luy retombe sur la face.

Quien bien quiere à Beltran, quiere bien à su can. Qui aime bien Bertrand, aime bien son chien.

quien tras otro caualga, no ensilla quando quiere. Qui est monté en croupe, ne se met en la selle quand il veut.

quien tiene alforjas y asno, quando quiere va al mercado. Qui a vn bissac & vn asne, il va au marché quand il veut.

quien poco sabe presto lo reza. Qui ne sçait gueres l'a bien tost dit.

quien estropieça, si no cae el camino adelanta. Celuy qui broche ou choppe, s'il ne tombe il aduance chemin.

quiẽ se cree de ligero. Voyez, Agua coge con harnero, qui est le mesme prouerbe trãsposé.

G iiij

Quien à su enemigo popa, à sus manos viene à morir. *Qui à son ennemy pardonne vient à mourir entre ses mains.*

Quien adelante no mira, atras se halla. *Qui ne regarde devant soy se trouve en arriere.*

Quien compra y miente, en su bolsa lo siente. *Qui achete & ment, en sa bourse il le sent.*

Quien dineros tiene, alçaça lo que quiere. *Qui a de l'argent, vient à bout de tout ce qu'il veut.*

Quien debaxo de la hoja se posa dos vezes se moja. *Qui se garre dessoubs la fueille, deux fois se moüille. Se garre. i. se met à couvert.*

Quien vna vez hurta, fiel nunca. *Qui vne fois desrobe, iamais n'est fidele.*

Quien en la plaça à labrar se mete, muchos adestradores tiene. *Qui se met à travailler en la place, il a tout plein de conducteurs.*

Quien lengua ha, à Roma va. *Le Fr. Qui langue a, à Rome va.*

Quien no cria, siempre pia. *Qui ne nourrit, tousiours piolle. i. est tousiours pauvre & contraint d'en demander aux autres.*

Quien presto da dos vezes da. *Qui tost donne deux fois donne.*

Quien se viste de ruin paño, dos vezes se viste el año. *Qui s'habille de meschant drap, s'habille deux fois l'année.*

Quien estropieça y no cae en su passo añade. *Qui choppe & ne tombe, adiouste à son pas.*

Quien come y condesa dos vezes pone mesa. Condesa *veut dire* guarda. *Voyez cy-devant,* Quien come y dexa.

Quien presta no cobra y si cobra no todo, y si todo no tal, y si tal enemigo mortal. *Qui preste ne recouure, & s'il recouure non tout, & si tout non tel, & si tel ennemy mortel.*

Quien de presto se determina de espacio se arrepiente. *Qui se resoult à la haste, tout à loisir se repent.*

Quien te haze fiesta que no te suele hazer o te quiere engañar o te ha menester. *Qui te fait la feste qu'il n'a accoustumé de faire, ou il te veut tromper, ou il a besoin de toy.*

Quien no sabe de abuelo, no sabe de bueno. *Qui ne sçait du pere grand, il ne sçait du bon temps. On tient tousiours le temps passé pour le meilleur.*

Quien no va à caraua, no sabe nada. *Qui ne va à l'assemblée ne sçait rien.*

Quien no cree à buena madre, crea à mala madrastra. *Qui ne croit à la bonne mere, qu'il croye à la mauuaise marastre.*

Quien solo come su gallo, solo ensille su cauallo. *Qui seul mange son coq, qu'il selle son cheual tout seul.*

Quien enferma de locura, o sana tarde, o nunca. *Qui est malade de folie, en guerit tard, ou iamais.*

Quien tiene boca, no diga à otro sopla. *Qui a vne bouche, ne dise à vn autre qu'il souffle.*

Quien come la vaca del Rey, à cien años paga los huessos. *Qui mange la vache du Roy, à cent ans de là il en paye les os.*

Quien à su perro quiere matar, rauia le ha de leuantar. *Qui veut tuer son chien, il luy faut*

G v

mettre sus qu'il est enragé.

Quien no sabe de mal, no sabe de bien. *Qui ne sçait de mal ne sçait de bien. i. qui ne sçait que c'est de mal, ne peut gouster le bien.*

Quien feo ama hermoso le parece. *Qui aime vn laid, il luy semble beau. Le Fr. Il n'y a point de belle prison, ni de laides amours.*

Quien ruyn es en su tierra, ruyn es fuera della. *Qui est meschant en son pays, il est meschât hors d'iceluy.*

Quien el azeyte mesura, las manos se vnta. *Qui mesure l'huile, il s'en oingt les mains.*

Quien su carro vnta sus bueyes ayuda. *Qui graisse son chariot, il aide à ses bœufs.*

Quien tiene quatro y gasta cinco, no ha menester bolsa ni bolsico. *Qui en a quatre & en despend cinq, il n'a besoin de bourse ni de boursillon.*

Quien quando puede no quiere, bien es que quando quiera no pueda. *Qui ne veut quand il peut, il est bon que quand il voudra il ne puisse.*

Quien todo lo miró, con bueyes no aró. *Qui a regardé à tout, n'a labouré auec des bœufs: c'est à dire qu'vn homme de trop pres regardant, trouue à redire à toute chose.*

Quien echa agua en la garrafa de golpe, mas derrama que ella coge. *Qui verse de l'eau en vn bocal tout à coup, il en respand plus qu'il n'y en entre dedans.*

Quien haze lo que quiere, no haze lo que deue. *Qui fait ce qu'il veut, ne fait ce qu'il doit.*

Quien no habla, no le oye Dios. *Celuy*

qui ne parle, Dieu ne l'oit pas.

Quien à otro sirue no es libre. *Qui sert à autruy n'est pas libre.*

Quien no diere de sus peras, no espere de las agenas. *Qui ne donnera de ses poires, qu'il n'attende de celles d'autruy.*

Quien se leuanta tarde no oye missa ni toma carne. *Qui se leue tard, n'oit Messe, ni n'a de la chair.i.ne trouue plus de chair à la boucherie*

Quien va al molino, y no madruga, los otros muelen y el se espulga. *Qui va au moulin, & n'est matineux, les autres meulent & luy s'espluche.*

Quien assecha por agujero, vee su duelo. *Qui espie par vn trou, void son mal.*

Quien la raposa ha de engañar, cumple le madrugar. *Qui veut tromper le renard, il faut qu'il se leue du matin.*

Quien se echa sin cena, toda la noche deuanea. *Qui se couche sans souper, toute la nuict ne fait que resuer.*

Quien dineros ha de cobrar, muchas bueltas ha de dar. *Qui a de l'argent à recouurer il a plusieurs tours à faire.*

Quié lleua las obladas, que taña las cãpanas. *Qui emporte les offrãdes, qu'il sone les cloches.*

Quien es amigo del vino, enemigo es de si mismo. *Qui du vin est bien amy, de soy-mesme est ennemy.*

Quien compra lo que no puede, vende lo que le duele. *Qui achete ce qu'il ne peut, il vend ce qui luy deult.*

Quié poco tiene y esso da, presto se arrepentira. *Qui a peu & le donne, tost se repentira.*

Quien no tuuiere que hazer, arme nauio o tome muger. *Qui n'aura que faire, qu'il equippe vn nauire, ou bien prenne femme.*

Quien quisiere medrar biua en pie de sierra o en puerto de mar. *Qui voudra profiter, qu'il habite au pied d'vn mont, ou en vn port de mer.*

Quien no sabe sufrir no sabe regir. *Qui ne sçait souffrir, ne sçait regir. Qui ne sçait dissimuler, ne sçait regner.*

Quien no te conoce esse te compre. *Qui ne te cognoist, celuy-là t'achepte.*

Quien desalaba la cosa, esse la compra. *Qui mesprise la chose, celuy-là l'achepte.*

Quien presta sus baruas messa. *Celuy qui preste, arrache ou coupe sa barbe.*

Quien bien quiere de lexos vee. *Qui bien aime voit de loing.*

Quien yerra y se emienda à Dios se encomienda. *Qui faut & s'amende, à Dieu se recommande,*

Quien à la postre viene primero llora. *Qui vient au dernier, pleure le premier.*

Quien te da vn huesso no te querria ver muerto. *Qui te donne vn os ne te voudroit voir mort.*

Quien no hereda, no medra. *Qui n'herite, ne profite.*

Quien bien te hara, o se te muere, o se te ira. *Qui bien te fera, ou il se mourra, ou il s'en ira.*

Refranes.   Prouerbes.   157

quieres vn buen bocado el niespero despestañado. *Veux-tu vn bon morceau, prens la nefle espluchée.* Despestañar, *c'est oster le petit bord d'alentour, qui est comme les paupieres de l'œil.*

Quien haze casa o cuba, mas gasta que cuyda. *Qui fait maison ou cuue, despẽd plus qu'il ne cuide.*

Quien del alacran esta picado la sombra le espanta. *Qui est piqué du scorpion, a peur de l'ombre d'iceluy.*

Quien cuenta el apero no yra al yero. *Qui conte le troupeau n'ira pas au giste.*

Quien ha criados ha enemigos no escusados. *Qui a des seruiteurs a des ennemis ineuitables. i. dont il ne se peut passer.*

Quien va llorando, no va bien orando. *Qui va pleurant, ne va pas bien priant.*

Quien desdeña la pera, comer quiere della. *Qui desdaigne la poire en veut manger.*

Quien da lo suyo antes de morir, aparejese à bien sufrir. *Qui donne le sien deuant que de mourir, qu'il s'appreste à bien souffrir.*

Quien abrojos siembra, espinas coge. *Qui seme des chardons, recueille des espines.*

Quien amenudo à las armas va, o dexa la piel, o la dexara. *Qui souuent aux armes va, ou il laisse la peau, ou il la laissera.* Le Fr. *Tant va le pot à l'eau qu'il brise.*

Quien callo venció, y lo que quiso vio. Callo. i. sufrio. *Qui s'est teu a vaincu, & a veu ce qu'il a voulu.*

Quiẽ no ha cayre no ha donayre. Cayre. i.

dinero. Qui n'a point d'argent n'a point de grace.

Quien fia o promete, en deuda se mete. Qui cautionne ou promet, en debte se met. Choses promises sont choses deuës.

Quien paxaro ha de tomar, no ha de oxear. Qui veut prendre vn oiseau, il ne faut pas l'effaroucher.

Quien entra en casa hecha, y se assienta à mesa puesta no sabe lo que cuesta. Qui entre en maison faite, & s'assied à table mise, ne sçait pas ce qu'il couste.

Quien tunde el paño, quita la cresta al gallo. Qui tond le drap, oste la creste au coq.

Quien mucho duerme, poco aprende. Qui beaucoup dort, peu apprend. Non iacet in molli veneranda sciencia lecto.

Quien tras ensalada no beue, no sabe lo que pierde. Qui ne boit apres la salade, ne sçait ce qu'il perd.

Quié come peces menudos, come mierda de muchos culos. Qui mange des poissons menus, il mange la merde de plusieurs culs.

Quien ha de ser seruido, ha de ser sufrido. Qui veut estre seruy, doit estre patient.

Quien la fama ha perdida, muerto anda en la vida. Qui a perdu la renommée, est mort au monde.

Quien pregunta lo que no deuria, oye lo que no querria. Qui demãde ce qu'il ne deuroit, il oit ce qu'il ne voudroit.

Quien en la cara me caga tarde me la laua. Qui me chie au visage, tard me le laue.

Quien guarda halla, y quien cria mata.
Qui garde trouue, & qui nourrit tue. i. a dequoy
tuer pour faire bonne chere.

Quien haze la meaja vil, nunca las llega
à mil. Qui fait la maille vile, iamais n'en amasse
mille.

Quien à mi hijo quita el moco, à mi besa enel rostro. Qui à mon enfant oste le morueau
il me baise au visage.

Quien vno castiga, ciento hostiga. Qui
en chastie vn, en fustige cent. i. leur donne crainte.

Quien no tiene miel en la orça, tengalo
en la boca. Qui n'a point de miel en sa cruche,
qu'il en ait en sa bouche.

Quieres buen mercado, con el necio necessitado. Veux-tu vn bon marché, fais-le auec
vn fol necessiteux.

Quien pregunta no yerra: si la pregunta
no es necia. Qui demande ne fault pas, si la demande n'est sotte.

Quien no alça vn alfiler, no tiene en nada à su muger. Qui ne ramasse de terre vne espingle, il n'estime rien sa femme.

Quien mal pleyto tiene, à barato lo mete. Qui a vn mauuais procez, à bon marché le met.

Quien hizo el cogombro que se lo traya
enel hombro. Qui a fait le concombre, qu'il le
porte sur son col, ou sur son espaule.

Quien nada no nos deue, y en las baruas
no nos pee, merced es que nos haze. Qui
rien ne nous doit, & au nez ne nous pette, c'est
grace qu'il nous fait.

Quien neciaméte peca, neciaméte se va al

infierno. Qui sottement peche, sottement s'en va en enfer.

Quien se ha de matar enel coraçon se ha de dar. Qui se veut tuer, il faut qu'il se frappe au cœur.

Quien muere de quajo, muere sin plazo. Qui meurt de la mulette, meurt sans terme. Quajo c'est la mulette du veau où est la substance de laquelle se fait la presure.

Quien pan y vino compra, menester ha bolsa. Qui achete pain & vin, il a besoin de bourse.

Quien malas hadas no halla, de las buenas se enhada. Qui ne trouue point de mauuaises fortunes ou destinées, il s'ennuye ou se saoule des bonnes.

Quien paga deuda haze caudal. Qui paye vne debte, il fait fond. Le Fr. Qui s'acquitte s'enrichit.

Quien quando puede no quiere, quando quiere no puede. Qui quand il peut ne veut, quand il veut il ne peut.

Quieres dezir al necio lo que es, dile bestia de dos pies. Veux-tu dire à un sot ce qu'il est, dis luy beste à deux pieds.

Quien lazo me armo, enel cayo. Qui m'a tendu vn laqs, est tombé en iceluy.

Quien mas tiene, mas quiere. Qui plus a, plus veut auoir.

Quien à muchos ha de mantener, mucho ha de tener. Qui a plusieurs à entretenir, doit auoir bien dequoy.

Quien pequeña heredad tiene, à passos

la mide. *Qui a vne petite terre, la mesure auec les pas.*

Quien con mal anda, o se quiebra el pié o la çanca. *Qui mal verse, ou se rompt le pied, ou l'os de la iambe.*

Quien no haze mas que otro, no vale mas que otro. *Qui ne fait point plus qu'vn autre, ne vaut pas mieux qu'vn autre.*

Quien à todos cree yerra, quien à ninguno no acierta. *Qui croit à tous fault, qui à nul, n'assenne pas.*

Quien à mano agena espera, mal yanta y peor cena. *Qui s'attend à la main d'autruy, disne mal & soupe encor pis.* Le Fr. *Qui s'attend à l'escuelle d'autruy, il disne souuent bien tard.*

Quien calla otorga. *Qui se taist, concede ou consent. Qui tacet consentire videtur.*

Quien primero viene, primero muele. *Le Fr. Qui premier arriue au moulin, le premier doit mouldre son grain.*

Quien à dos señores ha de seruir, al vno ha de mentir. *Qui a deux maistres à seruir, il faut qu'il mente à l'vn. i. qu'il manque.*

Quitemos las sospechas, y dexen nos hazer las hechas. *Ostons les soupçons, & qu'on nous laisse faire les affaires.*

Quien ensilla delantero se halla muy trasero. *Qui selle son cheual sur le deuant, se trouue bien derriere les autres.*

R

Racion de palacio, quien la pierde no le han grado. *Portion de court, à qui la perd, on ne luy en sçait gré.*

Raton que no sabe mas de vn horado, presto le toma el gato. *La souris qui ne sçait qu'vn trou, le chat la prend bien viste.*

Reniego de cuentas con deudos y deudas. *Ie renie les comptes auec parens & parentes.*

Rey por natura, y Papa por ventura. *Roy par nature, & Pape par auanture.*

Recebido ya el daño, atapar el horado. *Apres le dommage receu, estouper le trou. Le Fran. Fermer l'estable apres que les cheuaux sont pris.*

Reniego de cauallo, que se enfrena por el rabo. *Ie renie le cheual, qui se bride par la queuë.* i. *la nao, le nauire.*

Reniego de sermon que acaba en daca. *Ie renie le sermon qui finit par, donnes ça.*

Reniego del amigo, que cubre con las alas, y muerde con el pico. *Ie renie l'amy qui couure auec les aisles, & mord auec le bec.*

Reniego de grillos aunque sean de oro. *Ie renie des ceps, encor qu'ils soient d'or. Grillos, ce sont des fers qu'on met aux pieds des prisonniers.*

Resfriadas duelen mas las llagas. *Les playes estans refroidies font plus de douleur.*

Rian de mi costura, no beuan de mi pecuña. *Qu'ils se rient de ma cousture, & ne boiuent de ma pecune, c'est à dire à mes despens.*

Rico sin par, rueda el majadero y no halla en que parar. *Riche sans per, le pilon roule, & ne trouue rien à quoy il s'arreste.* i. *qui n'a rien du tout.*

Riese Mose, y no sabe de que. *Moyse se*

Refranes. Prouerbes. 163

rit, & ne sçait dequoy.

Riñen las comadres, descubrense las poridades. Les commeres se tancent, les secrets se
descouurent. Autres disent Verdades, au lieu de
Poridades.

Romeria de cerca, mucho vino y poca
cera. Pelerinage de pres, beaucoup de vin & peu
de cire.

Rostro ledo y el perdon, gran vengança
es del baldon. Ioyeux visage & le pardon, c'est
vne grande vengeance de l'opprobre.

Robles y pinos, todos son mis primos.
Chesnes & pins tous sont mes cousins.

Romero hito, saca çatico. Pelerin impor-
tun emporte la bribe.

Rogar al santo, hasta passar el tranco.
Prier le sainct, iusques apres le danger passé. Tranco, signifie le pas ou passage.

Rocin de vn establo, que no tiene pariente ni hermano: porque es brauo y no se cõ-
padece otro con el. Cheual seul à vne estable,
qui n'a parent ni frere: parce qu'il est furieux, &
ne peut compatir auec vn autre.

Ruyn señor, cria ruyn seruidor. Mauuais
seigneur nourrit mauuais seruiteur. Le Fran. Tel
maistre, tel valet.

Ruyn sea quien por ruyn se tiene. Meschãt
soit qui meschant s'estime.

Ruegos de grande, fuerça es que te haze.
Prieres de grand, c'est force qu'il te fait.

Ruego y derecho, hazen el hecho. Priere
& le droict, font le faict. Le Fr. Bon droict a
bon besoin d'aide.

S

Santa Lucia mengua la noche y cresce el dia. *Saincte Lucie, diminuë la nuict & croist le iour.* Le Fr. *A la saincte Luce, du sault d'vne puce, c'est à dire, le iour croist.*

Santa Lucia que todas las fiestas embia. *Saincte Lucie qui toutes les festes enuoye.*

Santa Cruz saca las fiestas à luz. *Saincte Croix met les festes en lumiere.*

San Iuan es venido, mal aya quien bien nos hizo. *La sainct Iean est venuë, mal aduienne à qui bien nous a fait. Dire de personne ingrate.*

San Lucas porque no encucas? porque no tengo las bragas enxutas. Encucas. i. beues. *Sainct Luc pourquoy ne chocailles-tu? pource que ie n'ay pas mes brayes seiches.*

San Lorenzo calura, san Vincente friura, lo vno y lo otro poco dura. *A la sainct Laurens chaleur, & à la sainct Vincent froidure, l'vn & l'autre fort peu dure.*

San Vincente claro, pan harto: San Vincente escuro pan ninguno. *Sainct Vincent clair, du bled à foison: Sainct Vincent obscur, point de bled du tout.*

Sacar aradores à pala y açadon. *Tirer des cirons auec la paesle & le hoyau. i. coigner le festu.*

Sal vertida, nunca bien cogida. *Du sel respandu n'est iamais bien ramassé.*

Salime al sol, dixe mal y oy peor. *Ie suis*

forti au soleil, i'ay dit du mal & ay pis ouy.

Sacaldo de entre los cardos, sacaros lo hemos de entre las manos. *Tirez-le d'entre les chardons, & nous vous le tirerons d'entre les mains.*

Salio del lodo, y cayo en el arroyo. *Il est sorty de la fange, & est tombé au ruisseau. Le Fr. Il est r'entré de fiebure en chaud mal.*

Salir de lodaçales, y entrar en cenagales. *Sortir du bourbier, & entrer en lieu limonneux.*

Salamanca à vnos sana, y a otros manca. *Salamanque guarit les vns, & estropie les autres.*

Sabeldo vezinas, que doy de comer à mis gallinas. *Sçachez-le voisines, que ie donne à mäger à mes poules.*

Salud y dineros que no faltaran morteros. *Santé & des deniers, que nous n'aurós faute de mortiers.*

Salto la cabra en la viña, tambien saltara la hija. *La cheure est sautée en la vigne, aussi y saultera sa fille.* Patrem sequitur sua proles.

Secreto de oreja, no vale vna arueja. *Secret dit à l'oreille ne vaut pas vne vesce.*

Segun el natural de tu hijo, assi le da el consejo. *Selon le naturel de ton fils, donnes luy le conseil.*

Sea velado y seafe vn palo. *Qu'il soit mary, & qu'il soit vn pau ou vn pieu.*

Seda y raso no dan estado. *La soye & le satin ne donnent pas l'estat.*

Sea yo merino, si quiera de vn molino. *Que ie sois officier au moins d'vn moulin.*

Sea mi enemigo, y vaya à mi molino. *Qu'il soit mõ ennemy, & qu'il voise à mõ moulin.*

Setiembre o lleua las puentes, o seca los fuentes. *Septembre emporte les ponts, ou tarit les fontaines.*

Seco y no de hambre, huye del como de landre. *Sec & non de faim, fuys t'en de luy cõme de la peste.*

Sey moço bien mandado, y comeras à la mesa con tu amo. *Sois seruiteur ou garçon bien appris, & tu mangeras à la table auec tõ maistre.*

Señal de mala bestia, sudar tras la oreja. *C'est signe de mauuaise beste, que de suer derriere l'oreille.*

Siembra y cria, y auras alegria. *Semes & nourris, & tu auras ioye.*

Si el cauallo tuuiesse baço y la paloma hiel, toda la gente se auernia bien. *Si le cheual auoit vne rate, & le pigeon du fiel, tout le mõde s'accorderoit bien.*

Si secretos quieres saber, buscalos enel pesar o enel plazer. *Si tu veux sçauoir des secrets, cherches-les en la fascherie ou au plaisir.*

Sigue la hormiga, si quieres biuir sin fatiga. *Ensuis la fourmy, si tu veux viure sans peine.*

Sirue al noble aunque sea pobre, que tiempo verna, que te lo pagara. *Sers au noble encor qu'il soit pauure, car le temps viendra qu'il te le payera.*

Si quieres ser polido, trae aguja y hilo. *Si tu veux estre net & poly, portes vne aiguille & du fil.*

Si la locura fuesse dolores, en cada casa darian bozes. *Si la folie estoit douleurs, en chasque maison y auroit des pleurs.*

Si quieres bien casar, casa con tu ygual. *Si tu te veux bië marier, maries toy auec tö pareil.*

Si quieres biuir sano, haz te viejo temprano. *Si tu veux viure en santé, fais toy vieil de bonne heure.*

Si tu no entrasses en mi fuego, no sabrias lo que cuego. *Si tu n'entrois iusques à mon feu, tu ne verrois pas ce que ie cuis.*

Si te da el pobre, es porque mas tome. *Si le pauure te donne, c'est afin qu'il reçoiue d'auantage de toy.*

Si fuera adeuino, no fuera mesquino. *Si i'estois deuin, ie ne serois miserable.* Fuera, c'est proprement à dire, *i'eusse esté.* Le Fr. *Qui sçauroit les auantures, il ne seroit iamais pauure.*

Si quieres aprender à orar, entra en la mar. *Si tu veux apprëdre à prier, va t'en sur mer.*

Sirue à señor, y sabras que es dolor. *Sers à vn seigneur, & tu sçauras que c'est que de douleur.*

Si de alguno te quieres vengar, has de callar. *Si tu veux te venger de quelqu'vn, il te faut taire.*

Si el villano supiesse el sabor de la gallina en Enero, no dexaria ninguna en el pollero. *Si le vilain sçauoit le goust ou saueur de la poule en Ianuier, il n'en laisseroit pas vne au poulailler.*

Si el necio no fuesse al mercado, no se vëderia lo malo. *Si le fol n'alloit au marché,* on ne vendroit pas la mauuaise denrée.

Siembra temprano, y poda tardio, cogeras pan y vino. *Semes de bonne heure, & tailles tard, & tu recueilleras pain & vin.*

Si no veo por los ojos, veo por los antojos. *Si ie ne voy par les yeux, ie voy par les lunettes.* Antojos, *ce sont lunettes, & signifie aussi fantaisies.*

Si assi corres como beues, vamonos à liebres. *Si tu cours comme tu bois, allons courre le lieure.*

Si el diablo dio en piedra, tal qual la dio la lleua. *Si le diable a donné contre la pierre, tel qu'il l'a donné il l'a receu.* i. *le choc ou heurt.*

Si quieres tener buen moço, antes que le nasca el boço. *Si tu veux auoir vn bon garçon, prens-le deuant que la barbe luy vienne.* Boço, *c'est le poil folet.*

Si quieres comida mala, come la liebre assada. *Si tu veux faire vn mauuais repas, manges d'vn lieure rosty.*

Si me viste burleme, si no me viste calleme. *Si tu m'as veu ie me moquois, si tu ne m'as veu ie me suis teu.*

Si quieres enemigos, haz de vestir à niños. *Si tu veux auoir des ennemis, fais des habits à des petits enfans.*

Si el juramento es por nos, la burra es nuestra. *Si on s'en rapporte à nostre serment, l'asnesse est nostre.*

Si Marina baylo, tome lo que hallo. *Si Marine a dansé, qu'elle prene ce qu'elle a trouué.*

Si quieres la oueja andate tras ella. *Si tu*
veux

Refranes. Prouerbes.

veux la brebis, va-t'en apres elle.

Sin clerigo y palomar, ternas limpio tu hogar. *Sans Prestre & colombier, tu tiendras net ton fouyer.* Le Fr. *Qui veut tenir nette maison, il n'y faut Prestre ny pigeon.*

Si elare en Março, busca cubas y maço, y si en Abril torna las al cubil. *S'il gele en Mars, cherches des cuues & le maillet, & si c'est en Auril, remets-les en leur nid.*

Si quereys que bayle, ande el barril delante. *Si vous voulez que ie danse, que le baril marche deuant.*

Si quieres hazer buen testamento, hazle estando bueno. *Si tu veux faire bon testament, fais-le estant en santé.*

Si quieres enfermar, lauate la cabeça, y vete à echar. *Si tu veux deuenir malade, laues toy la teste, & t'en vas coucher.*

Si el grande fuesse valiente, y el pequeño paciente, y el bermejo leal, todo el mundo seria ygual. *Si le grand estoit vaillant, & le petit patient, & le rousseau loyal, tout le monde seroit esgal.*

Si quieres ser bien seruido, sirue te tu mismo. *Si tu veux estre bien seruy, sers toy toy-mesme.*

Si quieres holgura, sufre amargura. *Si tu veux auoir du contentement, souffre de l'amertume.* Le Fr. *Nul bien sans peine.*

Si quieres cedo engordar, come con hambre, y beue à vagar. *Si tu veux bien tost deuenir gras, manges auec faim, & bois tout à loisir.*

Si el coraçon fuesse de azero, no lo ven-

H

ceria el dinero. *Si le cœur estoit d'acier, il ne seroit vaincu par le denier. i. par l'argent.*

Si como tiene orejas tuuiera boca, à muchos llamara la picota. *Si le gibet auoit aussi bien vne bouche comme il a des oreilles, il appelleroit beaucoup de gens. Picota, c'est vne potence, & vn pieu à empaler, ou le posteau du pilory.*

Si quieres saber quanto vale vn ducado, buscalo prestado. *Si tu veux sçauoir que vaut vn ducat, cherches-le à emprunter.*

Si no ouiesse mas de ajos que de canela, quanto valen ellos valdria ella. *S'il n'y auoit non plus d'aulx que de canelle, autant qu'ils valent vaudroit-elle. Les choses sont cheres pour la rareté d'icelles.*

Si te dieren la vaquilla, acude con la soguilla. *Si on te donne la vachette, accours auec la cordelette.*

Si quieres que haga por ti, haz por mi. *Si tu veux que ie face pour toy, fais pour moy.*

Si la vista no me agrada, no me aconsejedes nada. *Si la veuë ne me plaist, ne me donnez point de conseil.*

Si quieres dar de palos à tu muger, pidele al sol à beuer. *Si tu veux donner des coups de baston à ta femme, demandes luy à boire au soleil.*

¶ Si embidia fuesse tiña, que pez le bastaria? *Si l'enuie estoit tigne, quel poix luy suffiroit?*

Siempre promete en duda, pues al dar nadie te ayuda. *Promets tousiours en doute, puis qu'au donner personne ne t'aide.*

Si estuuieres subido, no te desseé ver caydo. *Si tu es monté, qu'on ne te desire point voir tobé.*

Si supiesse la muger las virtudes de la ruda, buscalla ya de noche à la Luna. *Si la femme sçauoit la vertu de la ruë, elle la chercheroit de nuict à la Lune.*

Si bien me quieres Iuan, tus obras me lo diran. *Iean, si tu m'aimes bien, tes œuures me le diront.*

Si la moçuela fuere loca, anden las manos y calle la boca. *si la ieune fille est folle, que les mains voisent, & la bouche se taise.*

Sigue razon, aunque à vnos agrada, y à otros non. *Suis la raison, encor qu'elle plaise aux vns, & aux autres non.*

Si Alexaedre es cornudo, sepalo Dios y todo el mundo. *si Alexandre est coqu, Dieu le sçache & tout le monde aussi.* Los males de los grandes no pueden encubrirse.

Siembra en poluo, y auras cogolmo. *Semes en pouldre, & tu auras au comble.*

Sientate en tu lugar, no te haran leuantar. *Assieds toy en ton lieu, & on ne t'en fera pas leuer.*

Si tuuieramos dinero para pan carne y cebolla, nuestra vezina nos prestara vna olla. *si nous eussions eu de l'argẽt pour auoir du pain, de la chair & des oignons, nostre voisine nous eust presté vne marmite.*

Si teneys la cabeça de vidro, no os tomeys à pedradas comigo. *si vous auez la teste de verre, ne m'attaquez à coups de pierres.*

Si la pildora bien supiera, no la doraran por de fuera. *si la pilulle auoit bon goust, on ne la doreroit pas par dehors.*

H ij

Si tu eres ajo, yo piedra que te majo. *Si tu es ail, ie suis la pierre qui t'escache.* Majar *signifie broyer & piler.* Le Fr. *A bon chat, bon rat.*

Sobre peras, vino beuas. *Apres poire, vin faut boire.* Pirum sine vino virus.

So vayna de oro, cuchillo de plomo. *Das vne gaine d'or, vn cousteau de plomb.*

Soplando brasas se saca llama, y enojos de mala palabra. *Soufflant le charbon on excite la flamme, & des courroux de mauuaises paroles.*

Sol madruguero no dura dia entero. *Soleil matineux ne dure vn iour entier.*

So la sombra del nogal, no te pongas à recostar. *Souz l'ombre du noyer, gardes toy de coucher.*

Soldar el azogue. *soulder le vif-argent.* i. *coigner le festu.* Voyez, Sacar aradores, &c.

Sobre cuernos penitencia y luego de palos encima. *Sur les cornes la penitéce, & tout aussi tost des bastonnades.* Voyez *l'histoire de Hennequin, lequel ayant besongné sa maistresse, alla tresbien battre son maistre qui l'attendoit au iardin, desguisé en habit de femme.*

Soplar y sorber no puede junto ser. *Souffler & humer ne se peuuent faire tout ensemble.*

Sorue y solla que mas ay en la olla. *Humes & aualles, car il y en a encor au pot.*

Sufra quien penas tiene, que tras vn tiépo otro viene. *Endure qui est en peine, qu'apres vn temps en vient vn autre.*

Sufre por saber, y trabaja por tener. *Endures pour sçauoir, & trauailles pour auoir.*

Suelas y vino andan camino. *Semelles &*

du vin passent chemin : c'est à dire qu'il faut estre bien chaussé & bien repeu.

Sufrir cochura por hermosura. Souffrir de la douleur pour auoir de la beauté. Cochura, c'est la cuisson que fait vne playe quand on y met quelque chose d'acre.

Sufrire hija golosa y aluendera, mas no ventanera. Ie souffriray ma fille friande & coureuse, mais non pas fenestriere.

Sueño sossegado no teme ñublado. Sommeil tranquille ne craint point le nuage.

Suyos son los ojos, y mios son los olmos. Les yeux sont siens, & les ormes sont miens.

T

Tal la Ley, qual el Rey. Telle est la Loy, quel est le Roy.

Tarde madrugue, mas bien recaude. Ie me suis leué tard, mais i'ay bien rencontré ce que ie souhaitois.

Tanto pan como vn pulgar, torna el alma à su lugar. Aussi gros que le poulce de pain, remet l'ame en sa place. Peu de chose fait grand bien.

Tan grande es el yerro, como el que yerra. Aussi grande est la faute que celuy qui fault.

Tales fuimos como vos, tales sereys como nos. Nous auons esté comme vous, vous serez tels que nous.

Tal dexa el caçador la casa, como la caça la cama. Le chasseur laisse sa maison au mesme estat que la beste laisse son giste. Caça signifie la proye ou la beste que l'on chasse.

H iiij

Tantos cobres pierde el ajero, como dias
paſſan de Enero. *Autant de bottes perd le pla-
teur d'aulx, comme il ſe paſſe de iours de Ianuier.*

Tan contenta va vna gallina con vn pollo, como otra con ocho. *Vne poule eſt auſſi
contente d'vn poulet, comme vne autre de huict.*

Tal te veas entre enemigos, como paxaro entre niños. *Tel tu te voyes entre tes ennemis, comme vn paſſereau entre des petits enfans.
Paxaro ſe dit de tout petit oiſeau auſſi bien que
du paſſereau, qui eſt en François vn moineau.*

Tahur tahur el nombre dize hurta fur.
*Ce prouerbe ne ſe peut expliquer de mot à mot
qu'il puiſſe auoir grace: car tahur ſignifie vn ber-
landier & ioüeur ordinaire, & hurta fur veut
dire, deſrobes larron: Fur eſt mot Latin.*

Tal tiene que ſaber no tiene, y tal ha te-
nido que tener no ha ſabido. *Tel a qui ſçauoir n'a, & tel a eu, qui auoir ou tenir n'a ſceu.*

Tal el yerno, como el ſol del Ynuierno.
*Tel eſt le gendre comme le ſoleil d'Hyuer. i. qui a
peu d'amitié & de peu de durée.*

Tambien por do va como por do vino,
ay tres leguas de mal camino. *Auſſi bien par
où il va, comme par où il eſt venu, il y a trois lieuës
de mauuais chemin.*

Tal queda la caſa de la dueña, ydo el eſ-
cudero, como el fuego ſin traſhoguero.
*Telle demeure la maiſon de la dame, l'eſcuyer eſtāt
parti, comme le feu ſans contre-feu.*

Tanto es poco como no nada, que no a-
prouecha ni daña. *Autant eſt vn peu comme
rien, qui ne profite ni ne fait dommage.*

Refranes. Prouerbes. 175

Tal para tal y Pedro para Iuan. *Tel pour tel, & Pierre pour Iean.*

Tanto quiere el diablo à su hijo, que le quiebra el ojo. *Le diable aime tant son enfant, qu'il luy creue l'œil.*

Ten hazienda, y mira bien donde venga. *Ayes du bien, mais regardes d'où il vient.*

Ten te en tus pies, y comeras mas que tres. *Tiens toy en pieds, & tu mangeras plus que trois.*

Ten cuydado de ganar, que tiempo queda para el gastar. *Ayes soin de gaigner, car il y a du temps de reste pour despendre.*

Tiempo tras tiempo, y lluuia tras viento. *Temps apres temps, & pluye apres vent.*

Tiempo ni hora, no se ata con soga. *Teps ni heure ne s'attache auec de la corde.*

Tirar la piedra, y esconder la mano. *Ietter la pierre, & cacher la main.*

Tienes en casa el muerto, y vas à llorar el ageno. *Tu as le mort en ta maison, & tu vas pleurer celuy d'vn autre.*

Tiempo passado siempre es membrado. *Le temps passé est tousiours rememoré: nous dirios proprement regretté.*

Todos los duelos con pan son menos. *Toutes les douleurs, auec le pain se diminuent.*

Todo ha menester maña, sino el comer que quiere gana. *Il faut par tout de l'addresse, horsmis au manger, qui requiert la volõté ou l'appetit.*

Toda la cosa ha lugar à quien la sabe manear. *Toute la chose a lieu, à qui la sçait manier.*

H iiij

Todos querrianos ſer buenos, y alcança-mos los menos. *Nous voudrions tous eſtre bós, mais la moindre partie de nous y paruient.*

Todo es nada, ſino trigo y ceuada. *Tout n'eſt rien fors le bled et l'orge.*

Todos à ſus cabos, tienen putas y vella-cos. *Chaſcun de ſon coſté a des putains et des poltrons.*

Todos van al muerto, y cada vno llora ſu duelo. *Tous vont au conuoy du treſpaßé, et chaſcun pleure ſon dueil.*

Todos ſomos hijos de Adam y Eua ſino que nos diferencia la ſeda. *Nous ſommes tous enfans d'Adam et d'Eue, horſmis que la ſoye nous rend diſſemblables. i. les richeſſes et beaux habillemens.*

Todo lo blanco no es harina. *Tout ce qui eſt blanc n'eſt pas farine.* Le Fr. *Tout ce qui reluit n'eſt pas or.*

Todos ſomos locos, los vnos de los o-tros. *Nous ſommes tous fols les vns des autres.*

Todo es nada lo deſte mundo, ſi no ſe endereça al ſegundo. *Tout ce qui eſt de ce mõ-de n'eſt rien, s'il ne s'addreſſe et tend au ſecond. i. à noſtre ſalut.*

Toma tu ygual y vete à mendigar. *Prens ton pareil, et t'en vas mendier.*

Tomar ſenderos nueuos, y dexar cami-nos viejos. *Prendre des ſentiers nouueaux, et laiſſer les vieux chemins.*

Toma caſa con hogar, y muger que ſepa hilar. *Prens maiſon auec vn fouyer, et vne femme qui ſçache filer.*

Refranes. Prouerbes. 177

Topan se los hombres, y no los montes. Les hommes se rencontrent, & non pas les montagnes.

Topado ha Pedro con su compañero. Pierre a rencontré son compagnon.

Topado ha Sancho con su rocin. Sancho a rencontré son roussin.

Topo el Breton con su compañon. Le Breton a rencontré son compagnon.

Todo contrario luze por su contrario. Tout contraire reluit ou paroist d'auantage opposé à son contraire. Contraria contrariis opposita magis elucescunt.

Torcer pajas y cubrir nalgas. Tordre des pailles, & couurir les fesses. Pajas entiende estopas pajosas, Des estoupes pleines de chenenottes, & de pailles.

Tras pared ni tras seto no digas tu secreto. Derriere vne muraille ni derriere vne haye ne dis pas ton secret.

Tribulacion hermanos, entre dos tres pollos. Tribulation freres, trois poulets pour deux personnes.

Tras este mundo verna otro segundo. Apres ce monde icy il en viendra vn autre secõd.

Tramontana no tiene trigo, ni el hombre pobre tiene amigo. La Tramõtane n'apporte point de bled, ni le pauure homme n'a point d'amis: la Tramontane c'est le vent de bise.

Tras los dias viene el seso. Apres les iours vient l'entendement.

Tras el trabajo, viene el dinero y el descanso. Apres le trauail vient l'argent & le repos.

Tras vna piedra perdida, mas pierde quiē otra tira. *Apres vne pierre perduë, plus perd qui en jette encor vne autre.*

Traer los atabales. *Porter les atabales, qui font tambours de guerre que l'on porte à cheual, c'est à dire: Estre bon cheual de trompette, ne s'espouuenter pas pour le bruit.*

Tres cosas hazen al hōbre medrar, sciencia y mar y casa real. *Trois choses font profiter l'homme, la science, la mer, & la maison Royale.*

Tres muchos y tres pocos destruyen el hombre, mucho hablar y poco saber, mucho gastar y poco tener, mucho presumir, y poco valer. *Trois beaucoup & trois peu destruisent l'homme: Beaucoup parler & peu sçauoir, beaucoup despendre & peu auoir, beaucoup presumer & peu valoir.*

Tres vanas y quatro horadadas. *Trois creuses & quatre trouées.*

Tres tocados à vn brasero, siempre andan al retortero. *Trois couure-chefs à vn braisier, tousiours vont à l'entour. Le Fr. Deux pots au feu signifient feste, & deux femmes font la tempeste.*

Trigo centenoso pan prouechoso. *Bled où il y a du seigle fait pain profitable: c'est du bled metail.*

Tres vezinos y mal auenidos. *Trois habitans & mal d'accord.*

Tres à vno, meten le la paja enel culo. *Trois contre vn, ils luy mettent la paille au cul.*

Tripa llena ni bien huye, ni bien pelea. *Tripe pleine, ne fuit bien, ni ne combat bien.*

Refranes.   Prouerbes.   179

Trabajo sin prouecho, hazer lo que esta hecho. *Trauail sans profit, c'est faire ce qui est fait.*

Treynta trae Nouiembre, Abril y Iunio y Setiembre, veynte y ocho trae vno, los otros à treynta y vno. *Trente a Nouembre, Auril, Iuin & Septembre, vingt-huict en a l'vn, les autres ont trente-&-vn, c'est à dire de iours.*

Treynta monjes y vn Abad no pueden hazer cagar vn asno contra su voluntad. *Trente moines & vn Abbé ne sçauroient faire chier vn asne contre sa volonté.*

Tu que mientes que dixiste para mientes. *Toy qui ments, prens garde à ce que tu as dit. Oportet mendacem esse memorem.*

Tu me rascas dōde me comia. *Tu me grattes où il me demangeoit.*

Tu dinero mudo, no le descubras à ninguno. *Ton denier muet, ne le descouures à personne.*

Tuerto y no de nuue, so la piel gran mal encubre. *Borgne & non de taye, soubs sa peau couure beaucoup de mal.*

Tu duelo de muelo, el ageno de pelo. i. cuelga. *Ton mal pend à vn tas de bled, & celuy d'autruy à vn poil : c'est à dire que nostre mal nous importe beaucoup plus que celuy d'autruy.*

V

Vayase el diablo para ruyn y quedese en casa Martin. *Que le diable s'en aille pour meschāt qu'il est, & que Martin demeure à la maisō.*

Vanse los amores y quedan los dolores. *Les amours s'en vont, & les douleurs demeurent.*

Van se los gatos y estiendense los ratos. *Les chats s'en vont, & les rats s'estendent tout à leur aise.*

Van à Missa los çapateros, ruegã à Dios que mueran carneros. *Les bouchers vont à la Messe, & prient Dieu qu'il meure force moutons.*

Va la palabra de boca en boca, como paxarilla de hoja en hoja. *La parole va de bouche en bouche, comme l'oisillon de fueille en fueille.*

Va como va, mas no como deue. *Il va cõme il va, mais non pas comme il doit.*

Vaso malo nunca cae de mano. *Vn meschant vaisseau iamais ne tombe de la main.*

Va y viene quien de suyo tiene. *Il va & vient qui a dequoy du sien.*

Venga el bien, y venga por do quisiere. *Vienne le bien, & vienne par où il voudra.*

Ve do vas, como vieres assi haz. *Va où tu vas, & fais comme tu verras.*

Vende en casa, y compra en feria, si quieres salir de lazeria. *Vends à la maison, & acheptes à la foire, si tu veux sortir de misere.* i. de pauureté.

Vendimia en enxuto y cogeras vino puro. *Vendanges par le sec, & tu recueilliras du vin pur.*

Venid piando y boluereys cantando. *Venez piolant & vous vous en retournerez chantant.* i. con las gallinas en las manos à los juezes.

Vender miel al colmenero. *Vendre du miel à celuy*

Refranes. Prouerbes. 181

à celuy qui a des ruches. i. vendre des coquilles à ceux qui viennent de sainct Michel.

Virtudes vencen, que no cabellos que crecen. Ce sont les vertus qui vainquent, & non pas les grands cheueux.

Vides y hadas malas como quiere van bien atadas. Les vignes & mauuaises destinées, en quelque sorte qu'elles soient sont bien liées.

Viene ventura à quien la procura. Vient bonne auanture, à qui la procure.

Vida in amigo, muerte sin testigo. Vie sans amy, mort sans tesmoin.

Vino trasnochado no vale vn cornado. Vin qui se garde passé la nuict ne vaut vn denier. Cornado, c'est vne monnoye de peu de valeur.

Viejo el pajar, malo de encender y peor de apagar. Le vieil paillier est mal aisé à allumer, & pire à esteindre.

Viene de la huessa y pregunta por la muerta. Il vient de la fosse, & demande apres la morte.

Vino de Março nunca encubado. Vin de Mars n'est iamais encuué. i. entonné.

Viña y niña, peral y hauar, malos son de guardar. La vigne & la fille, le poirier & la fauiere sont mal-aisez à garder.

Visitacion que no tienes en cor, à la noche quando se pone el sol. Visite que tu n'as pas à cœur, fais la au soir quand le soleil se couche.

Viña entre viñas, y casa entre vezinas. Vigne entre vignes, & maison entre voisines.

Vino de peras, ni lo beuas ni lo des à quiē bien quieres. Vin de poires ne le bois pas, ny ne

I

le donnes à qui tu aymes bien.

Vieja que bayla, mucho poluo leuanta. *Vieille qui danse fait leuer force poussiere.*

Viejo amador, Ynuierno con flor. *Vn vieil amoureux, c'est vn Hyuer auec des fleurs.*

Viejo de hambre y moço de landre. *Le vieil de faim, & le ieune de peste: c'est à dire, meurent.*

Vinieron puercos de monte à echarnos de nuestra corte. *Il est venu des porcs de la môtagne, pour nous chasser de nostre court.*

Vino le Dios à ver sin campanilla. *Dieu l'est venu voir sans sonnette ou clochette.*

Vino vsado y pan mudado. *Vin accoustumé, & pain changé.*

Viose el cuco en lo que no penso, quiso estornudar y peyo. *Le coquu s'est veu où il ne pensoit pas, il a voulu esternuer, & il a peté.*

Vistete en guerra y armate en paz. *Vests toy en guerre, & armes toy en paix.*

Vieneme el mal que me suele venir que despues de harto me suelo dormir. *Le mal me viêt qui a accoustumé de me venir, c'est qu'apres estre bien saoul ie me mets à dormir.*

Viña preciada, damela en solana. *Vigne bien estimée, donnes la moy à l'abry du Soleil.*

Vn o piensa el vayo y otro el que lo ensilla. *Le bayard pense vne chose, & celuy qui luy met la selle en pense vne autre.*

Virtud procede quando fuerça cede. *Vertu s'aduance, quand la force luy cede.*

Vn hueuo quiere sal y fuego. *Vn œuf veut du sel & du feu.*

Vn dia de ayunar tres dias malos para el pan. *Vn iour de ieufne ce sont trois iours mauuais pour le pain.*

Vno muere de atafea, y otro la dessea. *L'vn meurt de saturité, & l'autre la desire.*

Vn cabello haze sombra en el suelo. *Vn cheueu fait ombre sur la terre.*

Vna golondrina no haze Verano. *Vne airondelle ne fait pas l'Esté. D'autres escriuent arondelle.*

Vna higa ay en Roma para quien le dan y no toma. *Il y a vne figue à Rome pour celuy à qui on donne & ne prend pas. C'est la figue que l'on fait auec les doigts, la figue Milanoise.*

Vna vez engaña al prudente, dos al inocente. *Vne fois trompe le prudent, & deux l'innocent i. se laissent tromper.*

Virtudes vencen señales. *Les vertus surmontent les signes i. les influences.* Sapiens dominabitur astris.

Vna escaseza, dos gentileza, tres valentia, quatro vellaqueria. *Vne c'est chicheté, deux c'est gentillesse, trois c'est vaillantise, quatre c'est vilainie. Le Fr. Vne fois n'est rien, deux sont grand bien, trois c'est assez, quatre c'est trop, cinq c'est la mort: Les femmes disent, Vn œuf n'est rien, &c. mais elles s'entendent bien.*

Vn romero no quiere à otro por compañero. *Vn pelerin n'en veut point vn autre pour compagnon.*

Vn dedo à otro, y todos al rostro. *Vn doigt gratte l'autre, & tous le visage.*

Vn cauallo sobre ciento, y vn hombre

sobre vn cuento. *Vn cheual sur cent, & vn hõ-me sur vn millier. i. à peine se trouue bon.*

Vn solo acto no haze habito. *Vn seul acte ne fait habitude.*

Vn mes antes y otro despues de Nauidad es Ynuierno de verdad. *Vn mois deuant & vn mois apres Noel, c'est l'Hyuer à bon escient.*

Vñas de gato y habitos de beato. *Ongles de chat, & habits de beat.*

Vno tiene la fama, y otro laua la lana. *L'vn à le bruit, & l'autre laue la laine. i. l'vn a l'honneur, & l'autre la peine.*

Vno y ninguno todo es vno. *Vn & nul, c'est tout vn.*

Vn asno entre muchas monas, cocan le todas. *Vn asne entre plusieurs singes, tous luy font la mouë.*

Vn aguja para la bolsa, y dos para la boca. *Vne aiguille pour la bourse, & deux pour la bouche.*

Vna fue la que nunca errò. *Vnique est celle qui n'a iamais failly.*

Vna cautela con otra se quiebra. *Vne cautelle se rompt par vne autre.* Le Fr. *Fin contre fin n'est pas bon à faire doubleure.* Ars deluditur arte.

Vnas han ventura, y otras ventrada. *Les vnes ont auanture, & les autres ont ventrée.*

Vn cuchillo mesmo me parte el pan y me corta el dedo. *Vn mesme couteau me coupe le pain & le doigt.*

Refranes.   Prouerbes.   185

X.

Xabonar cabeça de asno, perdimiento de xabon. *Sauonner la teste d'vn asne, c'est perdre le sauon.*

Xaquima de cauallo no haze à la mona. *Vn licol de cheual ne vient pas bien au singe.*

Xaramago y tocino, manjar de hombre mezquino. *Roquette & lard, c'est viande à malheureux.*

Y

Yantar tarde y cenar cedo, sacan la merienda de en medio. *Disner tard & souper tost ostent le gouster d'entre deux.*

Yerno sol de Inuierno, sale tarde y ponese luego. *Le gendre est le Soleil d'Hyuer, il se leue tard, & se couche incontinent.*

Yegua apreda prado halla. *Iument qui est laschée trouue le pré.*

Yo se que me se, mas desso callarme he. *Ie sçay ce que ie sçay, mais de cela ie me tairay.*

Ya se como aprieta la trementina. *Ie sçay bien comme la tourmentine presse.*

Yelo de Hebrero, dale del pie y vete al hero. *Gelée de Feurier, donnes luy du pied, & t'en vas au labourage.*

Yerua mala no la empece la elada. *A l'herbe mauuaise la gelée ne nuit point. Le Fr. Mauuaise herbe croist tousiours.*

Yemas de Abril, pocas al barril. *Bourgeõs d'Auril peu au baril.*

Yo à buenas vos à malas, no puede ser mas negro el cueruo que sus alas. *Moy aux bonnes, & vous aux mauuaises, le corbeau ne peut estre plus noir que ses ailes.*

Yo y mi cauallo ambos tenemos vn cuydado. *Moy & mon cheual auons tous deux vn mesme soin.*

Yo te perdono el mal que me hazes, por el bien que me sabes: Palabras son del borracho al vino. *Ie te pardonne le mal que tu me fais, pour l'amour du bon goust que tu as. Ce sont paroles de l'yurongne au vin.*

Yo podre poco, o diran que no soy loco. *Ie pourray peu, ou bien l'on dira que ie ne suis pas fol.*

Yo como tu y tu como yo, el diablo te me dio. *Moy comme toy, & toy comme moy, le diable t'a donné à moy.*

Yo me soy el Rey Palomo, yo me lo guiso yo me lo como. *Ie suis le Roy Palomo, ie me l'accoustre & le mange.*

Yo estoy como perro con bexiga, que nunca falta vn Gil que me persiga. *Ie suis comme vn chien auec vne vessie, que iamais il ne manque vn Gille qui me poursuiue.*

Yo molondron tu molondrona, casate conmigo Antona. *Ie suis vne beste, & toy vne autre beste, maries toy auec moy, Antoinette.*

Z

Zorrilla que mucho tarda, caça aguarda. *Renard qui beaucoup tarde, attend la proye.*

Refranes.　　*Proverbes.*　　187

Zorrilla tagarnillera, hazese muerta por asir la presa. *Renard rusé & fin fait le mort pour attraper sa prise ou sa proye.*

Zorros en zorrera, el humo los echa fuera. *Renards en renardiere, la fumée les chasse hors.*

F I N.

ignitus è.s Jean.12.

mis è.7.5

www.ingramcontent.com/pod-product-compliance
Lightning Source LLC
Chambersburg PA
CBHW071947110426
42744CB00030B/624